As cidades
cercam os campos

FUNDAÇÃO EDITORA DA UNESP

Presidente do Conselho Curador
Marcos Macari

Diretor-Presidente
José Castilho Marques Neto

Editor-Executivo
Jézio Hernani Bomfim Gutierre

Conselho Editorial Acadêmico
Antonio Celso Ferreira
Cláudio Antonio Rabello Coelho
José Roberto Ernandes
Luiz Gonzaga Marchezan
Mario Fernando Bolognesi
Maria do Rosário Longo Mortatti
Paulo César Corrêa Borges
Maria Encarnação Beltrão Sposito
Roberto André Kraenkel
Sérgio Vicente Motta

Editores-Assistentes
Anderson Nobara
Denise Katchuian Dognini
Dida Bessana

LUIZ INÁCIO LULA DA SILVA
Presidente da República

GUILHERME CASSEL
Ministro de Estado do Desenvolvimento Agrário

DANIEL MAIA
Secretário-executivo do Ministério do Desenvolvimento Agrário

ROLF HACKBART
Presidente do Instituto Nacional de Colonização e Reforma Agrária

ADONIRAN SANCHES PERACI
Secretário de Agricultura Familiar

ADHEMAR LOPES DE ALMEIDA
Secretário de Reordenamento Agrário

HUMBERTO OLIVEIRA
Secretário de Desenvolvimento Territorial

CARLOS MÁRIO GUEDES DE GUEDES
Coordenador-geral do Núcleo de Estudos Agrários e Desenvolvimento Rural

ADRIANA L. LOPES
Coordenadora-executiva do Núcleo de Estudos Agrários e Desenvolvimento Rural

MINISTÉRIO DO DESENVOLVIMENTO AGRÁRIO (MDA)
www.mda.gov.br

NÚCLEO DE ESTUDOS AGRÁRIOS E DESENVOLVIMENTO RURAL (NEAD)
SBN, Quadra 02 – Ed. Sarkis – Bloco D – loja 10 – Sala S2
CEP: 70.040-910 – Brasília – DF
Tel.: (61) 3961-6420
www.nead.org.br

PCT MDA/IICA – Apoio às Políticas e à Participação Social no Desenvolvimento Rural Sustentável

REGINALDO C. MORAES
CARLOS HENRIQUE GOULART ÁRABE
MAITÁ DE PAULA E SILVA

As cidades cercam os campos

Estudos sobre projeto nacional
e desenvolvimento agrário
na era da economia globalizada

editora
unesp

© 2008 Editora UNESP
Direitos de publicação reservados à:
Fundação Editora da UNESP (FEU)
Praça da Sé, 108
01001-900 – São Paulo – SP
Tel.: (0xx11) 3242-7171
Fax: (0xx11) 3242-7172
www.editoraunesp.com.br
feu@editora.unesp.br

CIP – Brasil. Catalogação na fonte
Sindicato Nacional dos Editores de Livros, RJ

M818c
Moraes, Reginaldo C.
　　As cidades cercam os campos: estudos sobre o projeto nacional e desenvolvimento agrário na era da economia globalizada/Reginaldo C. Moraes, Carlos Henrique Goulart Árabe, Maitá de Paula e Silva. – São Paulo: Editora UNESP: Brasília, DF: NEAD, 2008.
　　il.

　　Inclui bibliografia
　　ISBN 978-85-7139-820-7 (UNESP)
　　ISBN 978-85-60548-41-5 (NEAD)

　　1. Desenvolvimento rural – Brasil. 2. Globalização – Aspectos econômicos. 3. Projetos de desenvolvimento agrícola. 4. Agricultura e desenvolvimento econômico. I. Árabe, Carlos Henrique Goulart. II. Silva, Maitá de Paula. III. Brasil. Ministério do Desenvolvimento Agrário. Núcleo de Estudos Agrários e Desenvolvimento Rural. IV. Título.

08-1474.　　　　　　　　　　　　　　　　　　　CDD: 307.72
　　　　　　　　　　　　　　　　　　　　　　　 CDU: 316.334.55

Editora afiliada:

Asociación de Editoriales Universitarias
de América Latina y el Caribe

Associação Brasileira de
Editoras Universitárias

Sumário

APRESENTAÇÃO   9
PREFÁCIO   11
Guilherme Cassel

PARTE I

DESENVOLVIMENTO AGRÁRIO E DINÂMICA
SOCIOPOLÍTICA BRASILEIRA. BALANÇO DE UM
DEBATE EM CURSO
Reginaldo C. Moraes e Carlos Henrique Goulart Árabe.

1. DESENVOLVIMENTO E VIÉS ANTIAGRÁRIO.
   AS RAZÕES NA SUA HISTÓRIA   17
   A correção das lentes. O viés reconsiderado e a
   atualidade da "questão agrária"   19
   A história "dos outros" e aquilo que parece sugerir   20

2. INGRESSO DA AGRICULTURA BRASILEIRA NA
   ERA GLOBAL: DESDOBRAMENTOS DA
   MODERNIZAÇÃO COMPULSÓRIA   23
   A agricultura desde a redemocratização: aspectos
   políticos e econômicos da mudança nos termos
   do debate   27
   A nacionalização da política e o desenho de um país   29
   O desajustado país dos ajustes   31

3. A MOLDURA E OS PERSONAGENS   35

4. PADRÕES E DILEMAS:
   DA SOCIOLOGIA À POLÍTICA   45
   Mudanças históricas e lideranças políticas   45
   O país que temos   48
   O país que queremos?   51

5. AGRONEGÓCIOS *VERSUS* CAMPONESES? 55

6. DESENVOLVIMENTO AGRÁRIO
E TECNOCIÊNCIA 63
Condicionantes do desenvolvimento agrário
e diferentes graus de controle sobre sua provisão 63
O caráter estratégico de P&D, extensão e ensino,
e seu cunho essencialmente público 65
O formato adequado para a atividade de pesquisa
e extensão 67

7. DAS COALIZÕES ANTI-REFORMA 71
Por que as forças anti-reforma agrária são tão grandes
e resistentes ao tempo? 71
Há possibilidade de se virar o jogo? 75
Nota final, profundamente opinativa 76

Parte II

EXPERIÊNCIAS INTERNACIONAIS RELEVANTES
Maitá de Paula e Silva

APRESENTAÇÃO: POR QUE A ÁSIA ORIENTAL? 83
Reginaldo Moraes

1. O CASO DO JAPÃO 85
Introdução 85
A herança Tokugawa 86
A transição de uma economia rural para
o capitalismo industrial 89
As reformas da Era Meiji 91
A política agrária da Era Meiji 93
O fim da Era Meiji: Japão Imperial 96
O fim do Império e a ocupação norte-americana 98
O Japão no pós-guerra: era de grande crescimento 102
Conclusão 107

2. O CASO DA CORÉIA 109
Introdução 109
O início dos conflitos com o Japão 111
A ampliação da intrusão estrangeira 114
A Coréia colonial e a Segunda Guerra Mundial 117
A reforma agrária do pós-guerra e suas
conseqüências para o país 119
A abertura econômica 123
Conclusão 125

3. O CASO DAS FILIPINAS   127
   Introdução   127
   O domínio espanhol   128
   O domínio norte-americano   132
   A independência   135
   Os programas de reforma agrária e suas conquistas   136
   O governo Marcos e a Lei Marcial   138
   O governo Aquino e a reforma agrária   140
   A continuidade e os resultados do PRAA a partir
   da década de 1990   142
   Considerações finais   147

BIBLIOGRAFIA   149
   Parte I   149
   Parte II   155
      O Caso do Japão   155
      O Caso da Coréia   155
      O Caso das Filipinas   156

Apresentação

Neste livro reunimos estudos que tratam dos vínculos entre questão agrária e projeto nacional de desenvolvimento, no contexto do novo século. Enverada pelos caminhos pelos quais a agricultura de países em desenvolvimento, em especial o Brasil, conectou-se com a economia mundial do pós-guerra. Nesse ponto, tenta-se enquadrar o mundo "agro" aos estudos de Economia Política Internacional, em particular na literatura que examina peculiaridades dos países em desenvolvimento em contextos cambiantes, como o cenário "desenvolvimentista" dos trinta gloriosos anos do pós-guerra ou as restrições claramente depressivas e aprofundadoras das desigualdades, do fim do século, com os planos de ajuste estrutural.[1] Procuramos identificar, então, os condicionantes postos por esse processo, assim como suas conseqüências na ordem social, nos conflitos políticos, nas configurações produtivas. Acreditamos que esse procedimento analítico seja necessário para vislumbrar os fatores de inércia e de mudança. A segunda parte do livro apresenta três estudos monográficos sobre experimentos nacionais relevantes de reforma e desenvolvimento agrários: Japão, Coréia, Filipinas. O leitor não deve ver neste livro uma seqüência argumentativa. Desde logo, ficará muito evidente que as duas partes podem ser lidas separadamente — e em qualquer ordem. Aquilo que as liga é uma idéia muito simples, mas que nos parece também muito útil. O desenvolvimento dos chamados "tigres asiáticos", na segunda metade do século XX, costuma ser apontado como exemplo positivo, diante dos insucessos dos latino-americanos, Brasil incluso. Para explicar tal sucesso, nem sempre, porém, se tem dado adequado valor aos processos de reforma agrária e às políticas de desenvolvimento agrário adotadas nesses países. A começar pelo momento em que a iniciativa da reforma fundiária ocorreu: não como conseqüência de limites e crise de um modelo de industrialização substitutiva, mas como passo prévio que, em grande medida, condicionou e modelou o desenvolvimento da indústria e das outras atividades econômicas, mais propria-

---

[1] Ver MORAES, Reginaldo. "Globalização: vida, paixão e morte do Estado nacional?", MORAES, Reginaldo, 2006, p.11-34.

mente urbanas. Essas narrativas ajudam a nos revelar, também, como a reforma agrária contribuiu para alterar a correlação de forças na sociedade, reduzindo terrivelmente a capacidade das antigas oligarquias, e para dar aos governos locais a autonomia de ação indispensável em uma estratégia de desenvolvimento de longo prazo. Ainda mais: os padrões de distribuição da propriedade daí resultante repercutiram em sucessivas reduções nas desigualdades de renda. Ampliavam-se as oportunidades no campo e moderavam-se os impactos esperáveis do crescimento industrial e da urbanização. Menos desigualdade e insegurança social, mais estabilidade política, mais independência para os planejadores dos novos governos. Esses são alguns dos elementos que aí se destacam.

O leitor também pode ler os capítulos da primeira parte em ordens diferentes — ou saltar algum deles, sem perda de seqüência. Eles estão conectados por algumas idéias recorrentes, persistentes e, sobretudo, por algumas convicções, concentradas, com mais vigor, no último capítulo.

Uma palavra ainda deve ser dita sobre as ambições deste livro. Ele não apresenta resultados de pesquisa de campo e nem tem, a rigor, originalidade no levantamento de novos dados. Na verdade, passamos ao largo de um rico acúmulo de dados que se tem produzido nos últimos anos — sobre concentração das terras, extensão dos assentamentos, cálculos relativos à produção e produtividade em diferentes segmentos da agricultura brasileira. O livro não tem pretensão de atualizar tais estatísticas nem de apresentá-las ao leitor. Seu foco está concentrado nos vínculos — qualitativos — estabelecidos com visões políticas do mundo "agro", de visões sobre a incorporação desse universo em políticas e projetos de desenvolvimento nacional. Comparando e confrontando teses e perspectivas, apóia-se em uma rica literatura que tem sido produzida sobre o tema, no Brasil e no exterior. Por dever de justiça, devemos contabilizar esse crédito para dezenas de pesquisadores do campo, que aparecem mencionados na bibliografia. O que esperamos é apresentar ao leitor, de maneira clara, uma síntese e uma visão de conjunto dessa problemática. Além disso, como dissemos, é um livro de opinião, que também esperamos que esteja clara. Nesse sentido, não apenas é um livro sobre a reforma agrária, mas, também, um livro que afirma sua atualidade.

"Os autores agradecem ao Núcleo de Estudos Agrários e Desenvolvimento Rural do Ministério do Desenvolvimento Agrário (NEAD/MDA) pelo apoio recebido para viabilizar esta publicação em conjunto com a Editora da Universidade Estadual Paulista (UNESP).

Prefácio

O Brasil e o mundo nem sempre andaram no mesmo compasso. Na década de 1990, uma perversa sincronia neoliberal se impôs; desfazendo-se no início dos anos 2000, ainda que de forma incipiente. O interessante é que agora o caso brasileiro se insere em um dissenso internacional mais amplo, que vem crescendo e não diminuindo, embora a decomposição do paradigma hegemônico do neoliberalismo pareça ser longa e tortuosa, diferente da crise da ordem liberal da década de 1930, que rapidamente se decompôs e deu lugar à hegemonia keynesiana e aos elementos formadores de uma nova ordem internacional.

Nos anos 90, o "Consenso de Washington" implicou a deslegitimação da ação política como meio de orientar e disputar os rumos do desenvolvimento das sociedades. A intervenção do Estado na economia e a reforma agrária como ação política para transformar a realidade rural, com suas implicações na transformação da própria sociedade, sofreram um profundo questionamento.

Mas as fissuras abertas na hegemonia neoliberal arejaram o debate sobre alternativas para o desenvolvimento das nações. Esse dissenso contemporâneo vem se delineando com base em posições críticas à ordem internacional com a conquista de governos nacionais em diversos países, em especial da América Latina, da consolidação do Fórum Social Mundial e da constituição de novos campos nas relações internacionais. E a reforma agrária ressurge com novas referências e em busca de um lugar na agenda, em recuperação, do desenvolvimento.

No Fórum Mundial de Reforma Agrária (Valência, Espanha, dezembro 2004), a ênfase, chamada de "reforma agrária internacional", estava na ampliação das dimensões envolvidas na transformação do meio rural. Na Conferência Internacional de Reforma Agrária e Desenvolvimento Rural da FAO (Porto Alegre, Brasil, março 2006), a reforma agrária aparece como programa para o desenvolvimento rural sustentável, para além da democratização da estrutura fundiária.

Por diferentes caminhos, a reinserção da reforma agrária em uma estratégia de desenvolvimento nacional passou a ser uma preocupação central nos debates recentes. Esse é o tema deste livro. Uma contribuição criativa e contemporânea em que a questão agrária vincula-se ao debate dos modelos de desenvolvimento da agricultura — e estes submetidos à escolha democrática da sociedade — e se retoma a idéia da legitimidade da ação política para definir os rumos do desenvolvimento (e com isso um papel de planejamento e intervenção democrática do Estado).

Nessa abordagem ganha relevo a necessidade de uma coalizão de forças mais ampla do que aquela que congrega os beneficiários diretos da reforma agrária e os movimentos sociais que lhes dão identidade e força. Estes formam o sujeito social insubstituível e fundamental para o avanço de reformas democráticas na terra e no país. A necessidade de construir coalizões políticas mais amplas responde ao desafio democrático e à compreensão crítica das relações de poder conservadoras, oriundas de uma estrutura agrária concentrada, e de sua modernização, que entrelaçou os interesses do negócio agrícola aos de outras frações do capital.

Deve-se acrescentar que essa via democrática não pode prescindir da construção de um modelo de desenvolvimento agrícola e agrário capaz de dar credibilidade a uma mudança de paradigma. Essa construção está longe de estar "pronta". Carece ainda do desenvolvimento de experiências concretas que antecipem esse modelo alternativo. Nesse sentido, as políticas públicas e as ações de promoção da igualdade no meio rural, de fortalecimento econômico da agricultura familiar e a sua constituição como sujeito político — isto é, com identidade e capacidade de agir politicamente — desempenham um papel fundamental.

Isso, naturalmente, não implica uma idéia de que um longo processo cumulativo de construção de outro modelo, dentro do atual, seja suficiente para promover mudanças significativas da estrutura agrária e das relações de poder no campo e na sociedade.

O esforço de construção de um modelo alternativo e crível para o desenvolvimento rural também carece de novos desdobramentos nas elaborações teóricas e programáticas, naturalmente visto de forma articulada com o debate mais amplo sobre projeto nacional.

O contexto atual abre espaços para a retomada e a inovação dos debates sobre desenvolvimento nacional, da própria questão agrária e do desenvolvimento rural, com suas relações com o tema do meio ambiente.

Essa situação não é de simples reposição ou mesmo atualização de debates clássicos sobre o desenvolvimento na periferia do sistema capitalista. Ainda que contenha elementos clássicos, exigem-se respostas a problemas novos em uma nova situação histórica. Este livro traz novas contribuições e revigora o debate sobre a reforma agrária com a incorporação de abordagens de diferentes campos do conhecimento.

Boa leitura!

Guilherme Cassel
Ministro de Estado do Desenvolvimento Agrário

Parte I

DESENVOLVIMENTO AGRÁRIO E DINÂMICA SOCIOPOLÍTICA BRASILEIRA. BALANÇO DE UM DEBATE EM CURSO

1
Desenvolvimento e viés antiagrário. As razões na sua história

Nas décadas que se seguiram à Segunda Guerra Mundial, políticas de desenvolvimento acelerado foram adotadas pelas nações jovens da Ásia e da África, nascidas do processo de descolonização. Outras foram implementadas por nações da América Latina, não tão jovens, mas profundamente modificadas pela experiência traumática da depressão e do relativo isolamento comercial provocado pelo conflito bélico. Neste caso, destacam-se três países que se industrializariam fortemente, constituindo o que alguns estudiosos chamaram de semiperiferia: Brasil, México, Argentina.

Dando lastro intelectual a tais políticas, constituíram-se doutrinas e ideologias, em um terreno interdisciplinar que veio a se chamar Teoria do Desenvolvimento.

Nesses dois planos, de políticas e de teorias, o desenvolvimento identificava-se, em geral, com industrialização. E esta era, por sua vez, vista segundo o modelo apregoado por intelectuais, ideólogos e conselheiros dos países desenvolvidos.[1] E havia fortes razões para que essa ênfase industrialista peculiar ocorresse — três devem ser necessariamente compreendidas:

1) Em primeiro lugar, o desenvolvimento capitalista caracterizava-se, entre outros aspectos, pela crescente incorporação do conhecimento tecnocientífico nas atividades produtivas, sobretudo a partir da segunda Revolução Industrial. E a manufatura foi o lócus privilegiado de tal incorporação — nela, a presença da *big science*, da "indústria da

---
[1] Não necessariamente aquele que esses países, com efeito, haviam seguido, esclareça-se. Desde muito cedo, na era da Revolução Industrial, os críticos do liberalismo britânico apontaram como este tendia a pregar, para os demais países, algo que os "pioneiros" não haviam professado de fato. Um dos primeiros a destacar tal contraste foi o alemão G. F. List. Um bom apanhado dessa história pode ser visto em Ha-Jon-Chang. *Chutando a escada*. A estratégia do desenvolvimento em perspectiva. São Paulo: Edunesp: 2004.

invenção", era forte, determinante e muito visível.[2] Não por acaso, na terminologia de inspiração geológica cunhada por Colin Clark, a agricultura era o mundo do "primário".

2) Em segundo, no plano social e político, a atividade agropecuária era identificada com as classes e forças ideológicas do antigo regime. No Brasil, em específico, os defensores da "vocação agrária" do país eram nomes associados à oligarquia fundiária e aos negócios imperialistas com representação local. Para as distintas vertentes do pensamento "progressista", a burguesia manufatureira e o proletariado industrial apareciam como os portadores do futuro e do progresso. Para o pensamento marxista, em particular, isso se traduziu na desastrosa teoria stalinista da "etapa democrático-burguesa da revolução".

3) Por fim, mas não menos importante, na divisão internacional do trabalho predominante do século XIX até a metade do século XX, países industrializados opunham-se, com ampla vantagem, aos países exportadores de bens primários (minerais ou agrários). A deterioração dos termos de troca era uma das manifestações do quão diferentes eram os valores agregados pelas duas atividades — a agrária e a manufatureira — e do quanto se distanciariam, na apropriação dos frutos do progresso, os países identificados com cada um desses pólos. Nas doutrinas que analisavam criticamente a situação de subdesenvolvimento — como era o caso do pensamento cepalino — identificava-se, nesse conduto, o comércio desigual, o veio mais forte de drenagem de energia e riqueza, da periferia para o centro.[3] A suposta "vocação agrária" aparecia, nesse caso, quase como uma condenação ao empobrecimento cumulativo: agrário porque pobre, pobre porque agrário.

Outra circunstância histórica deve ainda ser lembrada para contextualizar o quadro exposto. Em geral, os países hoje subdesenvolvidos haviam sido colônias. E desse período herdaram um perfil cruel: produção agrícola centrada em uma ou pouquíssimas culturas destinadas à exportação e, daí, dependentes dessa dinâmica exterior, de suas flutuações e comandos. E, naturalmente, uma estrutura de propriedade fortemente ancorada no latifúndio. Os pequenos camponeses ficam relegados a terras mais distantes, menos férteis, menos assistidas e mais desprovidas de acesso aos investimentos infra-estruturais. Mesmo em situações em que uma revolução popular (a mexicana, por exemplo) tinha promovido uma reforma

---

[2] Para uma visão panorâmica dessa incorporação, ver, por exemplo, o capítulo 8 do estudo de Nathan Rosenberg e L. E. Birdzell Jr. *A história da riqueza do Ocidente*. A transformação do mundo industrial. Rio de Janeiro: Record, s/d.
[3] Sobre a Cepal, ver MORAES, 1995, e BIELSCHOWSKY, 2000.

agrária, esse dualismo, ou caráter bimodal, acabou por prevalecer. A monocultura e o caráter reflexo, teleguiado, da economia dela resultante constituíam um péssimo presságio, uma vez que, seguramente, não há um único exemplo de país desenvolvido que dependa ou tenha alguma vez dependido de um ou dois produtos de exportação. Internamente, isso significou também, como herança geral, uma estrutura sociopolítica que dá lugar privilegiado a uma oligarquia da terra.

Em tal cenário, não apenas se demarcava um papel subordinado para o mundo agrário. Não só isso: a visão tinha também implicações práticas e concretas, razoavelmente perversas, uma vez que produziam uma "realidade" que contribuía para "confirmar" suas "pré-visões". Isto é, para o setor agrário eram desenhadas políticas que correspondiam a essa imagem — e contribuíam para tornar a imagem mais "real", como uma espécie de profecia que se auto-realiza. São políticas que predam o setor — não necessariamente a oligarquia, mas o setor. E enfraquecem seu dinamismo, seu interesse e sua valorização social. Resultado paralelo: como a "indústria" é o modelo, exalta-se e empenha-se recurso na valorização daquele subsetor agrícola mais "parecido" com a indústria, ou seja, o agronegócio patronal, os empreendimentos altamente capitalizados e em que penetraram os artefatos da indústria mecânica e bioquímica. E, depois dessa injeção de energia, se "descobre" que tal setor é mais "dinâmico", esquecendo-se o quanto sorveu de anabolizantes creditícios e fiscais. Um setor que cresce graças a saques contínuos contra o Estado — por meio de subsídios, créditos, perdões de dívida — e contra o meio em que vive (predando o ambiente e esfolando a mão-de-obra).

A CORREÇÃO DAS LENTES. O VIÉS RECONSIDERADO E A ATUALIDADE DA "QUESTÃO AGRÁRIA"

Talvez seja mesmo razoável admitir a existência de um viés urbano-industrial no desenvolvimentismo do pós-guerra. Compreendamos suas motivações e seus limites. Se assim for, há várias razões para revisá-lo. Enumeremos, pelo menos, três evidências que permitem relativizar e apontar como bastante defasadas aquelas "razões" que pareciam dar sustentação à propensão antiagrária.

Em primeiro lugar, o mundo agrário (ou agropecuário) é atualmente o palco de fortíssima incorporação do conhecimento tecnocientífico, superior, até mesmo, a muitos dos setores industriais. Há muito tempo a agricultura deixou de ser um setor "primário"; em segundo, as identidades políticas são bem menos localizadas — quem encarna o "progressismo", a independência nacional, o futuro? A burguesia manufatureira? O capital bancário e financeiro? As demais atividades "urbanas", secundárias, terciárias ou "quaternárias"? Em terceiro, o corte entre centro e periferia é um pouco menos claro do que aparecia nas primeiras elaborações da Cepal e de outros analistas da troca desigual. E o comércio, de fato, é apenas um dos canais de sucção de riqueza e produção de desigualdade entre as nações. E talvez nem seja o mais importante, o mais promissor. A transnacionalização da produção manufatureira e das finanças, bem como a crescente relevância da propriedade intelectual, fizeram aparecer fatores novos de desigualdade e terrenos novos de confronto. Esses fatores manifestam-se de maneira intensa na organização do chamado "agronegócio".

Por fim e, outra vez, não menos importante: nos países subdesenvolvidos, e no Brasil em particular, continua a existir uma questão agrária (e agrícola). Para o Brasil, esse não é apenas um setor de enorme importância — ocupando um quarto da população economicamente ativa e envolvendo (uma vez incorporado o processamento agroindustrial) perto de um terço do produto bruto e das exportações do país. Não apenas isso. Importa destacar dois elementos dramaticamente negativos para o desenvolvimento nacional: a polarização do espaço agrário brasileiro — do ponto de vista econômico, social e político — e sua dependência, vulnerabilidade, perante os mercados internacionais. Seria difícil exagerar na avaliação do quanto tais aspectos contribuem para o caráter inacabado da construção de um projeto nacional brasileiro.

Esse parece ser o ponto de partida necessário para uma reflexão radical: o processo de desenvolvimento nacional e o projeto de país. E, se quisermos ser mais totalizantes, de um projeto alternativo de mundo. O refrão já popularizado pode não ser tão garantido — um outro mundo é possível. Mas sugere um sucedâneo mais ambicioso e mais dramático: para que os países em desenvolvimento tenham alguma esperança, um outro mundo é imprescindível. Nele, o desenvolvimento rural, ou agrário, é elemento-chave. É o debate sobre esse campo que este livro procura revisar de modo crítico.

Contudo, cabe ainda uma palavra a respeito da sugestão de ver os diferentes "casos nacionais" desfilando lado a lado, algo que tentamos introduzir com a parte final deste livro.

A HISTÓRIA "DOS OUTROS" E AQUILO QUE ELA PARECE SUGERIR

É útil levar em conta os limites das elaborações desenvolvimentistas do pós-guerra, desde os "pioneiros" até a Cepal. Para isso, vale a pena considerar a história econômica e social de casos clássicos de desenvolvimento nacional e de *retardatários* no desenvolvimento. Entre esses países, destacam-se pioneiros da Revolução Industrial (Inglaterra, França), retardatários (Estados Unidos, Alemanha, Japão), e mesmo ultra-retardatários ou recém-chegados (Coréia, Taiwan). Em todos esses processos de desenvolvimento capitalista parece ter sido muito importante a democratização da estrutura da propriedade fundiária. Não apenas como auxiliar do desenvolvimento industrial-urbano, mas como elemento decisivo no equilíbrio social, econômico, político; na sustentabilidade do desenvolvimento e, sobretudo, na fundação e organização nacional. Aqui estamos falando de processos de desenvolvimento que respondam a certas exigências básicas:

a) sustentação e regularidade ao longo do tempo;
b) integração do espaço nacional;
c) integração também do ponto de vista social — incorporação, nos ganhos do progresso, de diferentes segmentos sociais (incorporação econômica, social, política e cultural);
d) internalização de dinamismos (tecnologia, demanda, poupança e investimento, produção de insumos estratégicos); e
e) internalização de centros decisórios, redução de vulnerabilidade e dependência externa.

A referência a tais "modelos" ou padrões não afirma, nem sequer insinua, a idéia de copiá-los ou de pensar em réplicas a-históricas, mas de buscar aprender com essas experiências. O mimetismo institucional faz parte de numerosas histórias nacionais de desenvolvimento bem-sucedido. Mas, mesmo o mimetismo exige aprendizagem ativa, invenção, seleção.

Em certa ocasião, Simon Kuznets sentiu-se interpelado a justificar, para si e seus leitores, a razão de seus estudos comparativos sobre as trajetórias de desenvolvimento de diferentes países. Escreveu um parágrafo que nos parece lapidar e apropriado para o momento. Vale citar, ainda que longo:

> supor que o principal uso de conhecimentos sistematizados e verificados reside na sua aplicação a problemas específicos de política constituiria concepção por demais limitada. No campo das ciências sociais, em particular, o principal objetivo dos conhecimentos sistematizados consiste em enriquecer a experiência direta das gerações atuais com aquelas do passado e ampliar os horizontes da experiência da nação com a de outros países. O valor do fundo global mais rico e mais amplo de conhecimentos sistematizados, isto é, aquele relacionado com os vários padrões de condições e adaptações, reside, naturalmente, na capacidade de tornar as reações mais inteligentes e menos suscetíveis às atitudes limitadas, que amiúde tratam assuntos e problemas correntes como inteiramente novos e consideram os padrões e valores costumeiros da nação como os únicos merecedores de estudo. Evidentemente, o emprego de conhecimentos mais amplos, como requisito e induzimento de atitudes mais pensadas em relação a fatos e problemas, envolve também uma projeção implícita, porquanto impõe comparações do presente com o passado, da experiência e valores de uma nação com as de outra, e ambos com a expectativa de que situações análogas ou diferentes conduzam a resultados pa-

recidos ou dessemelhantes. Isto difere muito do uso de modelos e generalizações altamente rígidas e, daí estreitamente entrosadas, na estimativa dos efeitos prováveis de políticas alternadas, especificamente definidas, no trato de determinado problema. (Kuznets, 1970, p.88)

A advertência de Kuznets é marcante. Afinal, a comparação e o mimetismo institucional são atitudes que adotamos usualmente, ainda quando disso não nos damos conta. E a pior maneira de comparar e imitar é aquela que fazemos sem saber. Trazer tais descrições à luz, com seus ensinamentos, limites e *circunstâncias próprias*, é também um modo de deixar de copiar por automatismos ou de adotar espelhos sem neles pensar.

Apresentadas essas justificativas, podemos adiantar alguns resultados desse exame de processos selecionados. De modo provisório e sintético, pode-se registrar a dupla determinação do desenvolvimento dos retardatários e recém-chegados:

1) Em todos os casos de "desenvolvimento capitalista razoavelmente bem-sucedido", foi preciso resolver a questão agrária do ponto de partida — e, em todos eles, com a adoção de estratégias de desenvolvimento agrário que evitassem excessiva polarização econômica (propriedade, renda) e sociopolítica. Reforma agrária e desenvolvimento rural aparecem, portanto, como condição para desenvolvimento nacional, não podendo ser vistos como "conseqüências naturais" do desenvolvimento. Nem suas políticas podem ser vistas como "compensatórias" para os efeitos menos aceitáveis do crescimento econômico, como a criação de bolsões de retenção e minimização da pobreza, de pára-choques da exclusão.

2) Não há exemplo de reforma agrária e desenvolvimento rural sustentável sem a adoção de programas coerentes e sustentáveis de desenvolvimento nacional. Políticas de reforma agrária e desenvolvimento rural imaginativas e ousadas estiolam quando inseridas em modelos nacionais de "desenvolvimento" perversos e de pernas curtas.

Preocupado em sublinhar a natureza essencialmente política do desafio, Celso Furtado equacionava tal problema do seguinte modo, referindo-se à sociedade brasileira:

> o sistema de preços relativos, que está por trás da distribuição da renda, é comandado por um conjunto de forças sociais mais ou menos institucionalizadas, que não se modificam com facilidade ou sem suscitar resistência e resposta. O tecido de relações sociais em que se cristalizam os privilégios de grupos possui uma inércia que é a contrapartida da estabilidade social; é a defesa desses privilégios que engendra a resistência à mudança. (Furtado, 1982, p.62)

Permanece atual a lição do velho mestre.

2
INGRESSO DA AGRICULTURA BRASILEIRA NA ERA GLOBAL: DESDOBRAMENTOS DA MODERNIZAÇÃO COMPULSÓRIA

Na história recente do Brasil, o nome de Celso Furtado associa-se de imediato aos anseios de independência nacional e reformas sociais, contidos no projeto desenvolvimentista. Isso ocorre ainda que sua passagem por cargos de direção política tenha sido ocasional e submetida a muitos condicionantes, no período de acirrada disputa política da Segunda República.

Se quisermos encontrar vulto de semelhante destaque para o período ditatorial, não haveria outro mais adequado do que o de Antonio Delfim Netto. Teórico e polemista, já na primeira metade da década de 1960, Delfim Netto dedicou-se a combater as teses da esquerda sobre agricultura e desenvolvimento. Afirmava a irrelevância ou dispensabilidade da reforma agrária — admitindo-a, se tanto, para situações tópicas, como a do Nordeste. A seu ver, para que a agropecuária brasileira viesse a confirmar seu papel positivo, que já exercia no processo de desenvolvimento nacional, deveria passar por uma modernização sem reforma.

O argumento de Delfim Netto poderia ser resumido nos seguintes tópicos:

1) no período do pós-guerra, ao contrário do que se pensava, a agricultura não ocasionou escaladas inflacionárias, uma vez que o crescimento dos preços agrícolas foi consistentemente menor do que o crescimento dos preços industriais;
2) a produção agrícola cresceu regularmente, de modo a suprir necessidades urbano-industriais;
3) a agricultura pode e deve ganhar em eficiência sem reforma agrária, mas com modernização de seu modo produtivo e do ambiente que a envolve, ambiente institucional, econômico, organizacional; e
4) essa modernização depende de alguns fatores que devem constituir eixos da política de governo:

a) aperfeiçoamento da força de trabalho;
b) uso de insumos multiplicadores externos (mecânicos e bioquímicos); e
c) instituições complementares que reduzam incertezas e promovam a distribuição de custos (crédito, pesquisa, extensão).

Em 1967, Delfim Netto assumiu o Ministério da Fazenda. Pouco depois, passou a ser o czar de toda a política econômica do regime. Passava a encarnar, portanto, outro papel, o de dirigente político, sem deixar de ser o analista. E, agora, podia fazê-lo em ambiente ditatorial, muito diferente daquele que cercara Celso Furtado.

Nesse quadro, em que controvérsias e dissidências eram caladas sem contemplação, Delfim Netto pôde então transformar suas idéias em políticas, de forma a modelar um novo "mundo agro" e a gerar, quase que demiurgicamente, os sujeitos sociopolíticos que povoaram esse mundo, até nossos dias.

Delfim sempre teve um modo próprio de ver o "mundo agro" brasileiro. E um modo próprio de enquadrá-lo no projeto de desenvolvimento nacional. Essa visão pode ser lida, literalmente, naquilo que escreveu, declarou, proclamou. Mas, pode ser lida, também, com grande margem de fidedignidade, no mundo que criou. Devemos lembrar, ainda uma vez, os enormes poderes que teve e o baixo grau de contestação e controvérsia sob os quais atuou, em época decisiva da transformação da economia brasileira (e da agropecuária, em particular).

Graças a essas condições políticas, Delfim Netto desenhou o cenário de instituições em que se desenrolava o drama social, econômico e político do país. Definiu em grande medida o perfil de muitos dos personagens e teceu o argumento que dava sentido a seus movimentos. Este cenário e seus personagens sobreviveram à ditadura e marcam, ainda hoje, os condicionantes com os quais se enfrenta toda tentativa de desenvolver uma política para o "mundo agro" e para sua inserção no projeto nacional de desenvolvimento.

De um modo ou de outro, a agropecuária brasileira (e sua relação com os projetos de desenvolvimento da ditadura) seria uma realização das idéias de Delfim — que pode ser acusado de quase tudo, menos de ser um liberal doutrinário, avesso à interferência estatal nos mecanismos de mercado. Desde logo, planejamento e intervenção agregaram-se a seu receituário político. E, no "mundo agro", essa intervenção seria visível, em seu discurso e em sua prática, ao longo dos seguintes eixos:

1) criação de condições dinamizadoras da produtividade no universo micro (a "fazenda"), estimulando pesquisa e extensão, subsidiando o uso de insumos modernos (mecânicos e bioquímicos);

2) aumento de produtividade na etapa do processamento industrial, etapa que agrega valor aos insumos da "fazenda"; e
3) criação de "capital social", físico e humano:
   a) infra-estrutura de transporte, energia, armazenamento;
   b) redes de pesquisa, extensão, treinamento;
   c) sistemas de crédito; e
   d) sistemas de informação sobre mercados de fatores e produtos.

O processo de transformação socioeconômica e institucional tem sua contrapartida na geração ou na transfiguração de sujeitos políticos relevantes. Assim, a sombra do czar e de sua política faria surgir os sujeitos do *agribusiness*, as massas de assalariados temporários, as cooperativas e multicooperativas de perfil empresarial, os sem-terra. Quando os presidentes militares deixam a cena, substituídos por governos civis, esses sujeitos permanecem em campo, portando programas e bandeiras.

Guilherme Costa Delgado refere-se ao modelo político dessa transição como um "pacto agrário modernizante e conservador, que, simultâneo à integração técnica da indústria com a agricultura, trouxe ainda para o seu abrigo as oligarquias rurais ligadas à grande prioridade territorial e ao capital comercial" (Delgado, 2001, p.165).

Outro estudioso, Geraldo Muller, procura mostrar como uma "complexa rede de determinações" impõe sua seletividade aos produtores, redesenhando papéis e comportamentos. Assim, teríamos o seguinte quadro:

1) internacionalização dos padrões produtivos que impacta o modo de trabalho dos cultivos e das criações;
2) internacionalização dos padrões comerciais que impõe a seleção desses cultivos e criações, empurrando as áreas agricultáveis, por exemplo, para determinadas *commodities*, em detrimento de outros usos;
3) como tais mercados (de fatores e de produtos) são fortemente oligopolizados, o conjunto agroindustrial distancia-se de modo brutal de qualquer modelo concorrencial, aproximando-se de modelos altamente "administrados", com lógicas bem distintas; e
4) o cultivador e o criador são convertidos, crescentemente, em anéis menores do conjunto, tomando a forma de mercados compradores (insumos) e mercados fornecedores (matérias-primas industriais). Viram "capital circulante" dessas indústrias.

Acrescente-se a esses traços um outro, tão relevante quanto, se pensamos nas diferentes coalizões políticas e em sua capacidade de mobilizar recursos para influenciar ações de governo (até mesmo crédito!). O agricultor e o criador são peças, importantes, mas subordinadas, de um conjunto bem mais amplo e organizado (indústria, comércio atacadista, empresas de serviços, *tradings*, bancos, financeiras etc.).

O que se pode notar de forma específica do ponto de vista político, ou melhor, dos interesses que se constituem nesse processo e constituem coalizões políticas? A esse respeito, vale citar os comentários de Muller (1989):

> Esta nova base material na agropecuária nacional é também a base das forças agrárias modernas. Suas exigências, reivindicações e organizações respondem aos percalços de reposição e expansão dessa nova dinâmica ... Os interesses sociais nucleados no capital comercial e assentados na propriedade territorial e na generosidade da natureza foram deslocados pelos interesses nucleados no capital industrial e financeiro e na agricultura moderna ... Enormes fluxos agropecuários encontram-se sob o controle de grandes empresas e grupos econômicos que não têm a propriedade da terra. Inúmeras agroindústrias e supermercados exercem o controle comercial e do modo de produzir na agricultura. (p.127 e 129)

Quais são os projetos desses segmentos sociais? Que potencial têm para incorporar, em seu projeto, os interesses de outros grupos e, desse modo, assumir a liderança política? É essencial conhecer as diferenças no interior do mundo social, e do "mundo agro" em particular, se os chamados tomadores de decisão e formuladores de políticas pretendem vislumbrar uma ação globalizante, que produza um projeto de desenvolvimento para o país.

Diferenças no "mundo agro"? Sim, há muitas. Em especial, vale insistir em uma tecla: há mais coisas entre o agronegócio e a agricultura camponesa do que supõe essa vã dicotomia. Talvez o agronegócio tenha uma solda política mais visível — amarrando interesses da velha oligarquia de proprietários, das indústrias de insumos, da agroindústria processadora, dos bancos e de novos especuladores fundiários.

Mas, aquilo que se costuma colocar fora desse universo — agricultura familiar, camponesa, de subsistência, assentamentos etc. — está longe de ser algo homogêneo, na forma de organização do trabalho, nos vínculos com diferentes mercados de produtos e fatores, nas demandas/expectativas, nas formas de expressá-las.

Há uma agropecuária familiar ultradinâmica, organizada em cooperativas e multicooperativas. Há uma agricultura familiar vinculada a agroindústrias processadoras por contratos mais ou menos formalizados, que reduzem incertezas e custos de transação. Há uma terceira agropecuária familiar, também razoavelmente moderna e capitalizada, que produz para subsistência e para importantes mercados regionais. Há, enfim, o universo da agricultura de subsistência, que mal chega (quando chega) ao mercado da aldeia vizinha, com parcos excedentes comercializáveis.

E, ainda além do mosaico acima esboçado, onde colocar demandas e expectativas dos sem-terra e dos assalariados do campo?

Essa diversidade torna bastante complexo o "mundo agro", exigindo muito de quem pretenda integrá-lo em um programa de desenvolvimento nacional mais amplo. Uma equipe de governo que tenha essa ambição precisa atuar com um conjunto de subequipes políticas (para análise, prospecção, sondagem de campo, negociação), grupos multiformes, multidisciplinares e sincronizados. Não se pode navegar nesse campo com base na pura intuição política ou em um discurso genérico, de sobrevôo. Por outro lado, essa diversidade do campo é também um fator positivo, muito positivo, para o conjunto do governo, uma vez que pode tornar viável a relativa autonomia, indispensável para fugir a colonizações corporativas e para projetar programas de largo espectro e de longo prazo.

A AGRICULTURA DESDE A REDEMOCRATIZAÇÃO: ASPECTOS POLÍTICOS E ECONÔMICOS DA MUDANÇA NOS TERMOS DO DEBATE

É possível extrair certo acordo na literatura que analisa a agricultura no período recente da história brasileira. Parece firme e assentado que o padrão de desenvolvimento da agricultura brasileira modificou-se substantivamente a partir de um duplo problema — o esgotamento do mecanismo de financiamento instituído para a "modernização" agrícola e a mudança de regime político. Nesse sentido, se a década de 1980 não desenha um padrão alternativo, expressa, contudo, o questionamento do "caminho único" da modernização iniciada vinte anos antes.

Ao duplo problema acima referido, de natureza basicamente interna, há que se agregar uma dimensão "externa" que tem monumentais implicações internas. Ainda durante a década de 1970, dois choques do petróleo criaram, para a economia brasileira, enorme problema, com impactos cada vez maiores sobre a agropecuária. No fim dos anos 70, com o estratosférico salto da taxa de juros norte-americana, a dívida de países como o Brasil passou a condicionar toda e qualquer política, todo e qualquer plano de longo prazo, até que se colocou essa consideração do longo, quase definitivamente, para fora da agenda de Estado. A conta petróleo do país era nada desprezível, na ocasião. E, durante vários anos depois dos choques, quase toda a renda amealhada com as exportações ficou comprometida, primeiro, com o pagamento de combustíveis, segundo, com as prestações e o serviço da dívida externa.

Enquanto durou a ditadura, um "consenso" político foi imposto, viabilizado pela combinação entre crescimento econômico rápido e asfixia da organização dos trabalhadores e das liberdades democráticas em geral. Momento seguinte, já no fim da ditadura e no início do governo civil que a sucedeu, essa combinação dá lugar a outra: longa estagnação econômica e dissenso amplo e generalizado. Década perdida, por um lado; por outro, espaços de liberdade política reconquistados, com a emergência de novos sujeitos políticos, em escala nacional.

A ditadura caía na metade da década de 1980, mas, na verdade, sua crise se iniciara no penúltimo governo militar, Geisel, com os dilemas do II Plano Nacional de Desenvolvimento e com as pressões pela redemocratização. Desde aquele momento, abria-se um longo período em que a sociedade brasileira vinha se debatendo entre alternativas específicas e gerais de desenvolvimento que não foram superadas por hegemonias mais consolidadas. Esse é o quadro do "curto-prazismo" então recorrente: hegemonias não consolidadas e, como dissemos, adiamento quase permanente das considerações de longo prazo, de formulações estratégicas.

A formulação de planos estratégicos implica, em certa medida, a introdução, no cálculo político, de uma dimensão utópica. Em certa ocasião, Furtado alertou para esse fato:

> Uma política de desenvolvimento não é mais do que um conjunto de diretrizes, cuja coerência deriva de um paradigma, ou seja, uma antevisão do futuro baseada em conhecimento analógico referido a situações históricas ou a modelos utópicos. Na elaboração desse paradigma podem entrar elementos derivados de uma idealização do passado ou da cópia de sociedades contemporâneas. A esses elementos correntemente se adicionam ingredientes utópicos — no sentido de ainda não existentes na realidade — que cristalizam aspirações de grupos sociais com peso no processo político. (Furtado, 1982, p.58)

A introdução desse elemento utópico tem duas faces. Uma delas, negativa, porque arrisca ser uma racionalização para suportar o sofrimento e as injustiças do presente, para suportar o vale de lágrimas da vida terrena. Nesse sentido, Marx referiu-se certa vez à religião como um ópio do povo. Mas, com freqüência, aqueles que citam essa frase esquecem de falar de sua continuação, em que Marx lembra que ela é, também, um grito contra o presente, um grito do espírito em um mundo sem espírito. A dimensão utópica tem esse lado, positivo, a tentativa de sair daquilo que é "dado" e reposto pela ordem estabelecida. Por outro, Octavio Paz, em texto memorável, alertou para o perigo de superestimar a dimensão utópica:

> O valor supremo não é o futuro, mas sim o presente; o futuro é um tempo falaz que sempre nos diz "ainda não está na hora" e assim nos nega. O futuro não é o tempo do amor: o que o homem quer de verdade, quer *agora*. Quem constrói a casa da felicidade futura edifica o cárcere do presente. (Paz, 1976, p.236)

Mas, ainda que fiquemos atentos a tal perigo, é quase impossível negar que aqueles que não sonham tendem a imaginar o presente como eterno, como limite, afirmando a absoluta supremacia daquilo que "é" sobre aquilo que "deve ser". É nesse terreno, ambíguo e movediço, que se faz a política da mudança, a arte de caminhar entre as exigências inarredáveis do presente e as vitalizadoras energias da dimensão utópica.

O quadro de impasses e dificuldades para projetos de longo prazo tem sua peculiar manifestação no terreno que examinamos, isto é, no "mundo agro". Mesmo com o peso que adquiria na economia brasileira (e mesmo com a supremacia econômica setorial), a agricultura empresarial, ou agronegócio, não construiu um equivalente político. Vale dizer, não conseguiu constituir um projeto hegemônico que subordinasse as demais manifestações presentes na agricultura, incorporando-as em um consenso que desenvolvesse o setor e desenhasse um modelo de país. Ao contrário, sua expressão política deu-se como "setor" ou segmento, em defesa de causas próprias, defensivas e não abrangentes. Isso se manifestou no processo constituinte de 1988, e, embora diversas decisões possam ser assinaladas como vitórias políticas e ideológicas em proveito dos interesses do agronegócio, a conduta política desse setor foi e vem sendo eminentemente autocentrada e defensiva.

Talvez seja possível explicar de duas maneiras, combinadas, esse fenômeno, onde se fundem progresso econômico e fracasso político. Em uma ponta estaria a diferença entre revolução agrária e modernização agrícola, tema abordado por Florestan Fernandes em suas agudas observações históricas sobre a natureza das transformações impulsionadas pelo capitalismo no Brasil (Fernandes, 1981). A diferença entre uma e outra estaria, entre outros aspectos, na formação de "excedentes" populacionais que "não cabem" na formação social resultante do processo de modernização. São justamente esses "excedentes" que vêm cobrar participação no desenvolvimento no período aberto com a redemocratização e têm expressão política em vários movimentos sociais do campo e da cidade.

O assim chamado período do desenvolvimentismo — que, no caso do Brasil, pelas peculiaridades do regime militar, tem uma longa duração (1950-80) — colocou na ordem do dia três questões-chave: a questão nacional (com a problemática do desenvolvimento econômico e da autonomia); a questão popular (com a problemática da integração política das massas); a questão agrária (que tinha simultaneamente dimensões econômica, social e política).

Compreender a lógica que presidiu à gigantesca mutação do país, nesse período, é absolutamente indispensável para nela incluir a questão agrária. Isso nos obriga, aqui, a inserir um parêntese longo.

A NACIONALIZAÇÃO DA POLÍTICA E O DESENHO DE UM PAÍS

Como se sabe, o "primeiro Vargas" havia federalizado a vida política brasileira, rompendo a lógica da república de governadores. Lançou as bases para uma máquina estatal efetivamente nacional. E pôs em obra os códigos normativos que, daí em diante, regulam fortemente as atividades socioeconômicas: águas, minas, subsolo, relações de trabalho, extrativismo, moeda, comércio exterior — poder-se-ia multiplicar os aspectos da vida social submetidos a normas federais originadas no chamado Estado Novo.

O "segundo Vargas", por sua vez, desencadeia um potente programa de reaparelhamento econômico e constrói a infra-estrutura para novo período de crescimento. Grandes investimentos nas áreas de eletricidade, petróleo, siderurgia, transportes, estimulam e tornam viável a implantação de indústrias de bens de consumo duráveis, bens intermediários e até de bens de produção seriados. Além dessas unidades produtivas estatais, cria-se uma instituição de fomento decisiva, o Banco Nacional de Desenvolvimento Econômico (BNDE), mais tarde rebatizado como BNDES, com a inclusão do termo "social". Esse sistema daria seus frutos sob a presidência de Juscelino Kubitschek, com seu lema de condensar cinqüenta anos de desenvolvimento em cinco anos de mandato, algo que o risonho presidente buscou fazer com uma forte política de atração de investimentos estrangeiros.

Um segundo deslanche desenvolvimentista ocorreria já sob a ditadura militar. O período conhecido como milagre econômico (1968-73), principalmente, daria uma sobrevida ao desenvolvimentismo da década de 1950 — levando-o até seus limites. Em virtude a uma soma de circunstâncias, sobre as quais não temos aqui oportunidade de discorrer, os militares brasileiros assumiram papel e fisionomia diferentes de seus vizinhos argentinos. Industrializantes e embalados pela ideologia do Brasil-potência, não destruíram o aparato de intervenção estatal criado sob Vargas. Pelo contrário, transformaram as estatais em um sistema poderoso de produção e regulação. E estimularam grandemente o BNDES. Os mecanismos de poupança compulsória foram acentuados de maneira a financiar em larga escala um novo salto modernizante e industrializador. Sobrevida e limites que apareceriam em suas formas mais salientes — o endividamento externo e a internacionalização do aparato produtivo interno (sobretudo mediante investimentos diretos estrangeiros). Desenha-se desse modo o perfil com que o país ingressaria na globalização de fim de século: crescimento econômico capitaneado pela indústria moderna e internacionalizada, urbanização inclinada para o Sudeste.

Tais transformações na base estrutural da sociedade tiveram conseqüências sobre a organização social e política do país, na fisionomia dos personagens que, ao mesmo tempo, sofriam e faziam esse destino. Formou-se um empresariado nacional — nada desprezível, ainda que tímido, subordinado, associado ao capital estrangeiro. Alguns autores — com destaque para o trabalho de Carlos Lessa e S. Dain (Lessa e Dain, 1998) — apontaram como, desde a década de 1920, e não apenas no Brasil (caso extremo, talvez), as relações entre o Estado, os capitais nacionais e o capital estrangeiro eram regidas por uma espécie de pacto. Pacto segundo o qual os grupos dominantes, os empresários, as classes proprietárias abrem espaços em alguns lugares para a liderança da empresa estrangeira (sobretudo na indústria), guardando para si o controle de áreas de atividades que proporcionam renda, e por isso mesmo se mantêm durante muito tempo como áreas reservadas, onde o capital estrangeiro não penetra ou o faz em um grau muito reduzido.

Em contrapartida, nas grandes cidades e regiões metropolitanas, concentrou-se um proletariado cada vez mais propenso à organização e à politização. Ainda nesses centros urbanos, massas populares — subproletarizadas ou satelitizadas pelo proletariado — constituíam o terreno fértil para movimentos reivindicatórios crescentes ou para a ação de líderes carismáticos. Alterando modos de vida, abrindo novos horizontes, redefinindo expectativas e visões de mundo de parcelas expressivas da população, essas mudanças estruturais acabaram por induzir a emergência de forças sociais que dariam novo impulso à dinâmica democratizante que a ditadura procurou conter ou extirpar.

Conteve, não extirpou. Com o declínio do regime militar, essa configuração social seria a matriz de organizações e lideranças decisivas na renovação do quadro político nacional.

É nesse painel histórico — aqui, evidentemente, apenas esboçado — que se insere um ingrediente, também relevante, dessa "grande transformação": a modernização compulsória da agricultura. Compulsória, porque operada pela forte intervenção do estado militar, de sua política agrícola e agrária. Atos como o Estatuto da Terra e, sobretudo, o Sistema de Crédito Rural encaminharam o país para o desenvolvimento da agricultura *sem* redução da concentração da propriedade fundiária (até pelo contrário). Mecanização, quimificação e expansão do agronegócio produziam uma nova elite no campo e um novo quadro de deserdados da terra, seara social em que surgiriam, já na metade da década de 1980, novos atores políticos: o movimento dos trabalhadores rurais sem terra e, de outro lado, uma "bancada ruralista" moderna e agressiva, fortemente conectada com segmentos urbanos influentes (bancos, indústria, mídia).

O DESAJUSTADO PAÍS DOS AJUSTES

É com essa acumulação de ativos que o país ingressa na era da globalização neoliberal, globalização que se impôs graças a várias circunstâncias, das quais duas são particularmente importantes: 1) a crise da dívida — o país não mais governa sua dívida, passa a ser por ela governado; e 2) a geração de novos grupos socioeconômicos (e claques intelectuais e políticas correspondentes), ligados ao capital internacional, sobretudo ao capital financeiro.

As duas últimas décadas do século XX modificaram bastante o quadro desenhado pelos "Trinta Gloriosos" do pós-guerra, ainda que dele se alimente. A consideração do longo prazo, do desenvolvimento estratégico, do *nation-building*, foi sendo substituída por iniciativas de curto prazo, programas de adaptação — inserção competitiva é o termo cosmético mais corrente. Talvez por esse caminho possamos entender melhor a razão pela qual Fernando Henrique Cardoso declarou sua missão de encerrar a era Vargas, e não, como era de se esperar, de pôr um fim aos entulhos do regime militar. Os militares não haviam desmanchado Vargas, sobretudo o Vargas "intervencionista" que desafinava no coro neoliberal dos programas de ajuste estrutural e da "inserção competitiva". A secundarização do pensamento estratégico, da consideração de longo prazo, talvez encontre seu mais sintomático emblema no destino que teve o BNDES sob Cardoso: nada menos do que oito presidentes em oito anos!

A "questão nacional" parecia sepultada ou hospedada em museus. Contudo, o estrondoso fracasso dos programas de ajuste — com seus resultados deletérios reconhecidos até mesmo nas organizações multilaterais que os patrocinavam — levou diversos analistas e protagonistas da cena política a recolocá-la. Nesse quadro, a reconsideração da política agrária e agrícola será decisiva. A força política que não o reconhecer será tragada pela história.

Seria difícil e incorreto, portanto, isolar o problema agrícola e agrário daquilo que vem a suceder com o conjunto do desenvolvimento capitalista brasileiro e do pensamento político que o debate. É certo que a modernização agrícola conheceu um processo dinâmico diferente (e mesmo mais rápido) daquele que conheceu a indústria, com a internacionalização para fora, com intensa presença no comércio exterior (e, portanto, distinta do processo de industrialização, voltado "para dentro"). Ainda assim, ela é igualmente atingida pela desmontagem da articulação geral que fazia funcionar a modernização da economia brasileira, isto é, de mudança de clave no conjunto do projeto de desenvolvimento em curso.

A construção do agronegócio foi um subproduto de um desenvolvimento cujo carro-chefe era a industrialização (sustentada pelo famoso tripé Estado—capital externo—capital nacional). O agronegócio, por si só, não poderia substituir essa articulação-chave, propondo-se a liderar um novo surto de crescimento e modernização. Aliás, em nenhum momento da longa crise do desenvolvimento aberta na década de 1980, se recolocou de pé um projeto de uma economia e de uma nação baseada na produção agrícola: o mote da vocação agrária parece ter-se dissipado. A desarticulação do projeto de desenvolvimento de largo prazo — que bem ou mal, de um modo ou de outro, marcou o período 1950-80 — teve impacto negativo em todos os setores que dele se beneficiavam.

No plano propriamente político, há uma modificação importante: o surgimento de um novo pólo na questão agrícola e agrária, com os movimentos sociais do campo e da cidade; vale dizer, dos excedentes estruturais do capitalismo. Não por acaso, a chamada Nova República cria o Ministério Extraordinário da Reforma Agrária e seu Plano Nacional de Reforma Agrária (I PNRA), gerando uma dualidade na condução governamental para a agricultura. Essa dualidade, sintomaticamente, será retomada com pesos e dinâmicas distintos nos governos Fernando Henrique Cardoso e, em outro registro, no governo Luís Inácio Lula da Silva. De modo inverso ao do agronegócio, os movimentos sociais pela reforma agrária ganham crescente peso e influência política na sociedade, partindo, no entanto, de uma base econômica frágil.

Quais diferenças e semelhanças podemos encontrar nessa retomada do debate agrário e agrícola, tomando como referência de comparação os termos do debate desenvolvimentismo *versus* modernização da década de 1960?

No grande debate dos anos 50-60, o tema agrário-agrícola estava nitidamente inserido no confronto de projetos de desenvolvimento nacional que se opunham.

A visão predominante no desenvolvimentismo acentuava o sentido econômico progressista da reforma agrária — a agricultura atrasada era vista como bloqueio ao desenvolvimento —, mas não excluía um aspecto democrático fundamental, a mudança das relações de propriedade ("feudais" ou "semifeudais"), vistas como causa desse freio; por isso, a reforma agrária. Ainda que os planos concretos para sua realização tenham sido extremamente reduzidos, ela foi integrada a um conjunto de reformas "de base". Era uma peça articulada e indissociável do projeto geral de desenvolvimento (capitalista) do país, centrado em industrialização, criação de mercado interno, equilíbrio social, autonomia nacional e planejamento estatal.

A outra visão de país, a dos "modernizadores", opunha-se à idéia geral de reforma agrária com base em um dos axiomas gerais de toda a modernização brasileira, a manutenção das relações de propriedade (e de poder) e o acoplamento entre estruturas atrasadas e modernas, um desenvolvimento propriamente desigual e combinado. Essa elaboração buscou afirmar sua superioridade no interior de um debate fundamentalmente econômico para realizar a confrontação com o desenvolvimentismo — talvez porque o terreno político tivesse de ser resolvido não pelas armas da crítica, mas pela crítica das armas —, demonstrando a funcionalidade da agricultura para o novo projeto geral de desenvolvimento do país.

O debate do modelo agrícola e agrário fortemente integrado ao desenvolvimento nacional não se reproduz na retomada do tema da década de 1980 e seguintes. E nem poderia. O mundo dos anos 80, sob a agenda neoliberal, já não incorporava o tema do desenvolvimento nacional. As reformas predominantes eram as de caráter liberal, "market friendly". E as idéias de nação e Estado nacional cediam espaço para as "exigências" da globalização e da inserção competitiva. Ainda que o Brasil tenha resistido e retardado a assimilação da agenda internacional, esse impacto não tardou a se fazer avassalador na década de 1990 e refletiu-se antes em uma seqüência de impasses estratégicos em torno de um modelo nacional de desenvolvimento. Assim, a retomada do tema agrário e agrícola se dá em um momento de enfraquecimento do debate dos grandes projetos de desenvolvimento nacional. O desafio era, portanto, duplamente colocado: como reconstruir visões sobre a agricultura em um quadro histórico de "desconstrução" de visões nacionais do desenvolvimento?

3
A MOLDURA E OS PERSONAGENS

Modelos e indicadores socioeconômicos descrevem configurações que mudam. Se a mudança é "puro" crescimento linear, o modelo/indicador se dá razoavelmente bem, mesmo em um longo prazo. Se, contudo, a realidade evolui, isto é, transforma-se quantitativamente aos saltos, que resultam em alterações qualitativas, o indicador precisa ser, também, qualitativamente transformado.

O indicador de desenvolvimento, por exemplo, saltou do PNB para PNB *per capita*, daí para IDH, IPH etc., agregando vertentes, focos e ângulos ao modelo inicial, de modo a incorporar visões diferentes do fim desejado e não apenas de instrumentos e técnicas. Redefinições do projeto da obra vinculam decisivamente os instrumentos intelectuais destinados a programar sua execução, bem como supervisionar e avaliar as diferentes etapas. Note-se, por exemplo, os modelos e os indicadores de desenvolvimento baseados nos instrumentos da contabilidade social cunhados na primeira metade do século XX e disseminados pela Liga das Nações e pela Organização das Nações Unidas (ONU). Ainda como exemplo, Colin Clark dedicou sua obra máxima ao exame de transformações estruturais observadas em diferentes economias, sempre com uma tendência geral: o deslocamento da riqueza (e da força de trabalho) da agricultura para a manufatura, o comércio, os serviços. Sua grade triádica evolucionista e "geológica" — primário, secundário, terciário — fazia crer em uma progressão. E, para que a progressão fosse visível por seus indicadores, fundava-se na distinção e na separação clara entre os três grandes grupos de atividades.

Essa visão foi radicalmente transformada com a imposição da lógica industrial (e de seus equipamentos!) aos demais setores — agricultura, comércio, serviços. Assim, quando olhamos de perto o período desenvolvimentista mais típico do Brasil, o período de nossa "grande transformação". Os censos poderiam fornecer esta imagem (Figura 1), rica e sugestiva, mas carente e demandante de múltiplas interpretações, se somada a outras informações históricas:

A moldura e os personagens

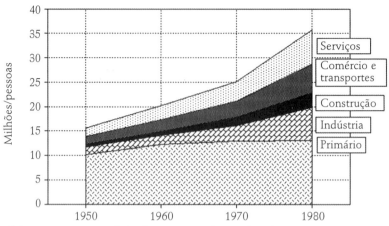

Fonte: Elaboração própria, com dados do IBGE, censo demográfico, de vários anos.

Figura 1 – Brasil – População economicamente ativa – Brasil – Distribuição setorial 1950-80

A primeira constatação que se pode fazer, com base na imagem, é a de um "segundo andar" construído sobre o país de 1950. Em 1980, esse segundo andar está razoavelmente desenhado: indústria e serviços. Detalhando a análise, com a ajuda de informações da história econômica do período, podemos dizer que houve crescimento econômico capitaneado pela indústria moderna (bens de consumo durável na ponta do pelotão), concentrada no Sudeste, e fortemente internacionalizada.

Mas é preciso ver o interior do andar de baixo, suas transformações. E, no andar de cima, é preciso examinar os componentes que se vinculam a tais transformações no andar de baixo, modelando-os, conduzindo-os e, em grande parte, sugando suas energias.

A transformação da fazenda, da granja, do sítio, da horta — é disso que se trata. O desenvolvimento capitalista tem sido marcado pela divisão do trabalho *entre* empresas (especialização) e *dentro* delas (parcelarização das tarefas), o que nem de longe significa divisão da propriedade, da renda e do mando, pelo contrário.

Assim, quando consideramos a monumental transformação dessas décadas (e, em especial, a modernização compulsória da agricultura, durante o período ditatorial), a representação visual (e o quadro de conceitos correspondentes) dos três setores tem de ser reconsiderada. À medida que a "fazenda" cresce — ou conforme o processo produtivo dentro dela incorpora insumos mais sofisticados e exigentes —, uma série de atividades antes internas passam a ser colocadas fora de suas cercas (produção de sementes, adubos, defensivos, rações, ferramentas, alimentos e roupas, serviços de comercialização e transporte, manutenção etc.). Essas atividades "emagrecem" o mundo rural retratado pelo censo e ampliam o universo classificado nas rubricas da indústria, do comércio e dos serviços. A fazenda passa a consumir, de modo crescente, bens finais, bens de capital e bens intermediários que ela própria não produz.

Tal "evolução" está longe de ser um processo determinado puramente a partir de dentro ou do crescimento da fazenda como uma espécie de mônada. A atividade agrícola, mormente no país em desenvolvimento, está sabidamente impulsionada por um universo sobre o qual ela tem escasso domínio: a indústria dos insumos (químicos e mecânicos), os sistemas de crédito (públicos e privados), os mercados consumidores (interno e externo), a lógica própria das empresas de processamento e distribuição.

Esse processo, como sabemos, deu origem à idéia de *agribusiness* e de cadeia do agronegócio. Costuma-se atribuir o termo e o enfoque a Davis e Goldberg, em sua pioneira análise do setor, nos Estados Unidos, em 1957. Ali, aparece a conhecida partição da cadeia em seus três elementos-chave: 1) as operações de fabrico e distribuição de insumos; 2) as operações de produção da "fazenda"; e 3) as operações de armazenamento, processamento e distribuição dos produtos da fazenda e de seus derivados.

A representação visual dessa cadeia tem sido apresentada assim (Figura 2):

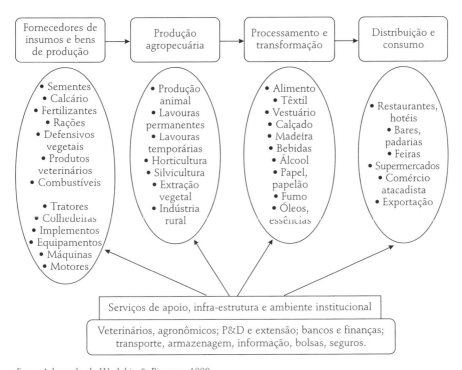

Fonte: Adaptado de Wedekin & Pinazza, 1990.

Figura 2 – Representação visual primária dos componentes da cadeia agroindustrial

A moldura e os personagens

Tal representação tem o mérito de mostrar vínculos e seqüências na geração do produto de origem agropecuária. Mostra a cadeia como um conjunto de relações institucionalizadas, isto é, suficientemente reiteradas para conformar expectativas e coordenar comportamentos. As relações podem ser de vários tipos: trocas em mercados à vista; contratos (mercados regulados ao longo do tempo); normas e leis. O diagrama indica ainda a presença pervasiva do ambiente institucional que circunda e lubrifica o conjunto da cadeia. Destaca o papel decisivo desse conjunto para dar forma e conteúdo a cada uma das partes e às relações entre elas.

Mas, se quisermos reparar nas relações de poder ou de determinação entre os elementos, teríamos de introduzir algumas alterações nas setas, para evidenciar o quanto o elemento mais poderoso (e, no valor agregado, mais pesado) da cadeia impacta o segmento propriamente agrário do conjunto. Teríamos então algo mais ou menos assim (Figura 3):

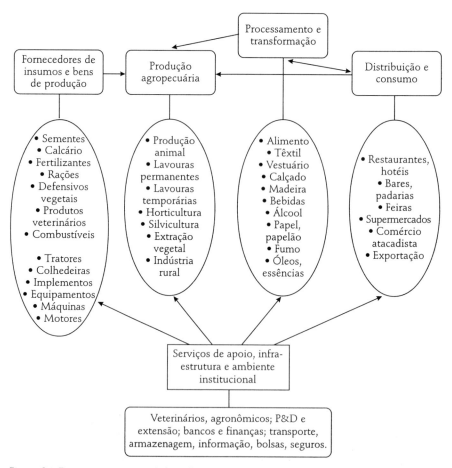

Figura 3 – Representação visual da cadeia agroindustrial – vetores de força

Mesmo a mais ligeira inspeção revela que nos dois momentos laterais do processo (jusante e montante) residem as oportunidades reais do ganho de escala e os núcleos de maior concentração do capital. É no pólo dos fornecedores (o antes) e no de processamento-distribuição (o depois) que encontramos um núcleo poderoso, estruturas oligopolistas e oligopsônicas. Segundo a maior parte dos especialistas, esses dois lados, a jusante e a montante, absorvem cerca de 90% do valor adicionado da cadeia. São também os setores mais concentrados e mais internacionalizados, tradicionalmente menos abertos à regulação pelo estado nacional. É aí também que se revelam, de modo significativo, os ganhos em escopo e escala, que Alfred Chandler (1996) demonstrara serem os diferenciais da grande empresa moderna.

A literatura tentou, com algum sucesso, quantificar os três momentos da cadeia agroindustrial (jusante, fazenda, montante). Os estudos para os Estados Unidos, desde Davis e Goldberg (1957), têm mostrado algo assim:

Quadro 1 – Estados Unidos: valor da produção e valor adicionado nos três agregados primários do "agribusiness" (em US$ bilhões correntes)

	Valor da produção	Valor adicionado	Distribuição do valor agregado (%)
1. Em 1910			
• Insumos	1,0	1,0	11
• Agricultura	5,8	4,8	54
• Processamento e Distribuição	8,9	3,1	35
Total	15,7	8,9	100
2. Em 1947			
• Insumos	12,8	12,8	20
• Agricultura	29,3	16,5	26
• Processamento e Distribuição	62,9	33,6	54
Total	105,0	62,9	100
3. Em 1954			
• Insumos	16,4	16,4	21
• Agricultura	29,5	13,1	17
• Processamento e Distribuição	75,0	45,5	62
Total	120,9	75,0	100

Fonte: Davis e Goldberg, reproduzido em Wedekin e Pinazza, 1990.

Para o Brasil, os números parecem menos precisos, mas são estimativas razoavelmente compartilhadas por vários autores. Wedekin e Pinazza assim quantificam o panorama do *agribusiness* brasileiro em 1980:

Quadro 2 – Brasil: participação (porcentual) de cada agregado primário do agronegócio no valor adicional da cadeia

	Participação no valor adicionado
Insumos	11,4%
Agropecuária	27,8%
Processamento	30,5%
Distribuição	30,3%
Total	100%

Quando atualizam os dados para 1997, Pinazza e Alimandro (1999, p.23) indicam a seguinte proporção: 10% para o setor de insumos; 24% para o setor produtivo agropecuário, a atividade "dentro da porteira"; 66% para a esfera de processamento/distribuição.

Se quisermos evidenciar outras conexões lógicas e empíricas — essenciais à análise, conforme o objetivo que tivermos traçado —, a imagem teria de ser um pouco mais complexa. Assim, por exemplo, segmentos produtivos que participam dessa cadeia são também partes de outras cadeias. A indústria de base química responsável por insumos agrícolas é, também, parte da cadeia dos fármacos. A indústria de tratores entra na cadeia automotiva ou metal-mecânica. E assim por diante. Nesse caso, teremos (Figura 4) muito mais a imagem da rede:

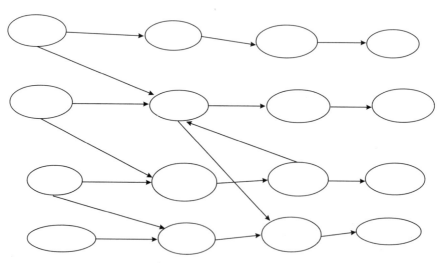

Figura 4 – Representação visual das cadeias seqüenciais para as redes interativas

Contudo, se quisermos representar o subsistema dentro das "inclusões" que o condicionam, a forma poderia ser a Figura 5, a seguir:

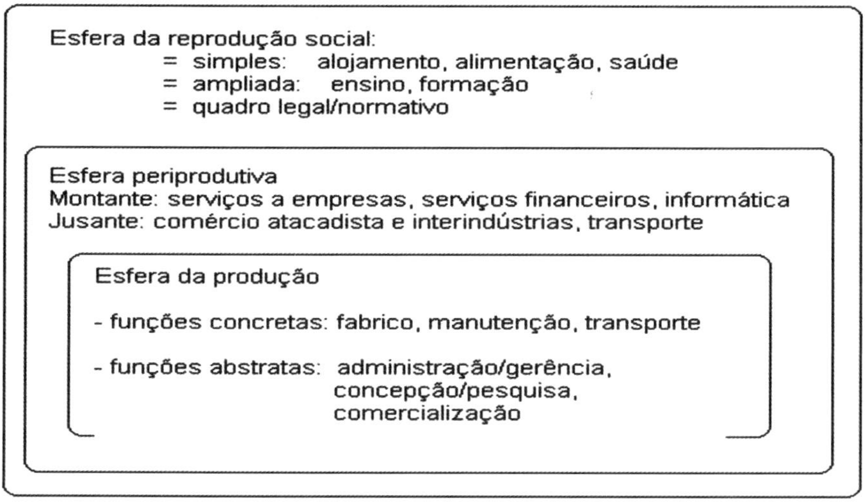

```
Esfera da reprodução social:
    = simples:   alojamento, alimentação, saúde
    = ampliada:  ensino, formação
    = quadro legal/normativo

    Esfera periprodutiva
    Montante: serviços a empresas, serviços financeiros, informática
    Jusante: comércio atacadista e interindústrias, transporte

        Esfera da produção

        - funções concretas: fabrico, manutenção, transporte

        - funções abstratas:  administração/gerência,
                              concepção/pesquisa,
                              comercialização
```

Fonte: Adaptado de F. Damette e J.Scheblin apud Carroué, Collet e Ruiz, 2005, p.56.

Figura 5 – Os condicionantes dos subsistemas produtivos: esferas de inclusão, influência e determinação

A rigor, com todas essas inclusões, ainda estaríamos olvidando uma dimensão decisiva, a referência aos vínculos internacionais. A esfera produtiva transcende o espaço local e nacional, compreendendo uma rede periprodutiva transnacional e um grupo industrial (ou agroindustrial) que também tem esse desenho, transnacional. A inclusão do contexto internacional e dos vínculos entre fronteiras exigiria, ainda, outras formas de representação, sobre as quais não nos deteremos. Apenas vale lembrar que deveriam visualizar a existência de diferentes territórios de inserção e diferentes sistemas socioeconômicos nacionais.

Tais representações visuais parecem úteis para refletir sobre a *trama* de condicionantes dos sistemas produtivos e, portanto, sobre as políticas que incidem com efeito sobre eles. Apontam para os *diferentes centros de formulação e implementação de políticas*. E, por último, mas não menos importante, informam também sobre os sujeitos políticos, vetores de força, fatores de cooperação e competição a serem levados em conta pelo poder público. Elas estão aqui tão-só enumeradas. Deveriam passar por uma delicada análise. De qualquer modo, desde logo fica evidente que um programa de desenvolvimento agrário precisa ser mais do que política fundiária e política agrícola voltada para este ou aquele tipo de estabelecimento. As conexões com política industrial, política externa, crédito, infra-estrutura, pesquisa, educação etc. impõem sua inserção, como sujeito pleno, no projeto nacional inclusivo.

As considerações apresentam problemas para as formas convencionais com as quais se tem tentado caracterizar, medir e gerenciar o "problema agrário". Elas introduzem dúvida e alternativa onde, muitas vezes, reina certeza e dogma. Advertem para a necessidade de ir além da imagem primeira, não necessariamente falsa, mas, quem sabe, insuficiente.

O parágrafo acima tem endereço. Frei Betto publicou recentemente o artigo "Agronegocio y agricultura familiar" na revista espanhola *Sin Permiso*.[1] Nele, entre outros comentários, o autor procura demonstrar que a agricultura familiar produz mais, para o país, do que o chamado agronegócio. O texto é pleno de informações verdadeiras e relevantes. A rigor, pode-se dizer que todas elas, aliás, são verdadeiras e relevantes. Não é aí que reside a dificuldade. Em uma análise mais refinada e circunstanciada, porém, as categorias parecem ter menos precisão do que recebem no tratamento de Frei Betto. Os terrenos ocupados por um e outro — agricultura familiar e agronegócio — são menos claros e distintos do que se pretende. As conexões são mais reais do que se costuma pensar.

A "agricultura familiar" é, em termos bastante genéricos, identificada pelo tamanho da propriedade e pelo fato de empregar, quase exclusivamente (senão exclusivamente), trabalho não assalariado (o agricultor e sua família). Também de modo genérico, o agronegócio é identificado com a grande plantação, bastante capitalizada, com emprego de trabalho assalariado e especialização de tarefas e funções. As categorias parecem bastante imprecisas — e as fronteiras, idem.

Diversos estudos, mais monográficos e atentos a diferentes regiões, cultivos e criações, têm mostrado um mundo mais variado, menos uniforme e monotônico. Não necessitamos de muita exatidão nos números, apenas sua ordem de grandeza, para ver seu desenho geral. O universo da agricultura familiar parece agrupar cerca de 1,5 milhão de propriedades, com outros 2,5 milhões na "fronteira" da definição. Enquanto isso, as empresas agrícolas típicas reúnem algo entre 30 e 50 mil estabelecimentos, com outros 150 mil na margem do impreciso. No extremo do mapa, por volta de 2,5 milhões de estabelecimentos pequenos (muito pequenos) estariam no campo da agricultura de pura subsistência e de duvidosa sobrevivência econômica. Ainda nesse extremo, temos as propriedades pouco ou nada produtivas de grande porte, cerca de 350 mil estabelecimentos.

---

[1] Frei Betto, como se sabe, é um pesquisador da área. Em uma versão provisória deste texto, apontaram-nos que se trata de alguém sem substrato teórico ou bibliográfico para servir de referência ou polêmica. É certo. Mas não é nessa categoria que o enquadramos. Trate-se, inegavelmente, de um polemista, divulgador e formador de opinião com enorme audiência entre movimentos sociais, urbanos e rurais. Nesse sentido, não apenas sintetiza exemplarmente visões de mundo de atores relevantes na área – constituiu-se, ele próprio, ator que não pode ser ignorado.

A análise tem mostrado outros aspectos — com enorme impacto na caracterização dos sujeitos políticos, dos seus interesses, do seu destino potencial e, sobretudo, por conseqüência, das políticas que o poder público pode desenhar para eles. Um desses aspectos altera a leitura que podemos fazer do artigo de Frei Betto. Nele, como dissemos, estão elementos verdadeiros e relevantes. Mas os elementos *ausentes* podem alterar o sentido dos presentes. A interpenetração entre a pequena propriedade, de tipo familiar, com o mundo do agronegócio é um pouco mais complicada do que faz supor a dicotomia: por meio de compras previamente contratadas, de participação em associações e cooperativas ou de outras formas de inserção no mercado capitalista, a "agricultura familiar" tece fios de conexão com seu aparente simétrico, o "agronegócio". A análise das conexões é relevante para pesquisar suas escolhas quanto a cultivos e criações, quanto a métodos de trabalho e insumos. Sem a consideração desses fatores, corremos o risco de formular políticas vagas, genéricas, que imaginam com proverbial facilidade sujeitos, protocolos, etiquetas, os quais, depois, nos surpreendem por não se comportarem conforme o figurino previamente desenhado — os sujeitos-reais são desobedientes e malcomportados.

É grande a tentação do teorizador diante de tal impertinência empírica: coloca-se no papel de mestre-escola rabugento, a ralhar com os alunos, a puni-los com notas baixas, a pô-los de castigo até que aprendam. Quando, porém, os resultados são mais trágicos, uma derrota política demite o mestre-escola e a ele resta o consolo de lamentar que o mundo não soube compreender suas lições. Transformamo-nos então em comentaristas da revolução ausente, profetas do que não foi.

4
Padrões e dilemas: da sociologia à política

Se o leitor tem seguido nossa exposição na ordem em que a dispomos, já deve ter inferido que compreendemos o problema do desenvolvimento agrário como algo que não é apenas técnico, mas primordialmente político — sobretudo em sua relação, indissolúvel, com o projeto de desenvolvimento nacional. Assim, os contrastes que aparecem entre as plataformas dos diferentes grupos sociais, programas de partidos e de governos refletem divisões de fundo quanto a modelos de sociedade almejados por esses sujeitos. Isto é, indicam os "modelos de país" resultantes dos diferentes programas, das políticas que propõem. Nesse sentido, este capítulo deve se iniciar com um parêntese especulativo, para o qual pedimos a paciência do leitor, na certeza de que, a seguir, lucrará em compreensão.

MUDANÇAS HISTÓRICAS E LIDERANÇAS POLÍTICAS

Em sua monumental reflexão sobre a moderna sociedade burguesa, Hegel indicou, no âmbito da chamada sociedade civil, a maneira com que se constituem os interesses e os grupos que os incorporam. Interesses parcelares, segmentais; é nesse horizonte que vivem os grupos, é neles que constituem seus valores. Para o grupo, esse é efetivamente o "mundo", tal como é e como deve ser. É apenas no plano do Estado, transcendendo o nível da sociedade civil, que se pode constituir a classe universal, capaz de superar tais horizontes particulares — superar sem desmanchá-los, integrando-os — e conduzir a nação para um programa mais amplo. Marx, admirador da lógica hegeliana, pretendeu inverter seus termos, identificando as marcas de classe — o enraizamento sociológico, digamos — da suposta classe universal, esse sujeito que opera uma extraordinária síntese

45

integradora das idéias e valores dominantes, mas estes são idéias da classe dominante.

Marx avançou muito pouco na elaboração de uma teoria da política nas sociedades burguesas, cabendo a seus seguidores refletir sobre a natureza desse nível da realidade, de seus graus de autonomia, seus modos de constituição e funcionamento, as tensões que a levam a crises e transformações. Uma conhecida e luminosa síntese de Marx constitui o ponto de partida, nem sempre sublinhado de modo adequado, de tais elaborações. Naquele arrazoado, Marx afirmava que o dinamismo fundamental das transformações históricas era o contraste entre o desenvolvimento das forças produtivas e o desenho das relações sociais. É no terreno dos interesses e necessidades que os homens vivem e se diferenciam em grupos e classes. Mas é no terreno da ideologia que percebem e expressam tais identidades e diferenças. Nesse terreno, as classes exprimem a maneira com que prescrevem a superação do conflito, abrindo um novo período de desenvolvimento. Essa prescrição aparece na forma de programas, com os quais uma classe ou bloco histórico procura integrar-superar as demais. E é no terreno da política que levam às últimas conseqüências tal percepção — operando a transformação das relações sociais, pelas armas milenarmente conhecidas da política, ou seja, a coerção e a persuasão. Transformam, enfim, aquele mesmo "terreno dos interesses e necessidades" em que vivem e se constituem as classes. Sacodem as relações estabelecidas e criam um novo leito para o deslanche das forças produtivas. Dessa intervenção nasce a nova configuração de relações sociais: relações de trabalho, regras de propriedade etc. A depender do grau de transformação desse quadro, chama-se a isso de revolução social.

Foi Antonio Gramsci, talvez, quem mais avançou na tentativa de elaborar uma teoria marxista da política — do mundo da força e da persuasão. Sua noção de hegemonia procurou traduzir o modo pelo qual uma classe, e em especial uma parcela de vanguarda dessa classe, opera aquela passagem dos interesses para as idéias e destas para a política. Sabe-se o papel que ele reserva, então, aos intelectuais e ao novo príncipe, sujeito capaz de descolar-se dos fragmentos e formular horizonte mais amplo, conduzindo a nação para esse projeto.

No lado não marxista do mundo também houve elaboração similar. Um utopista como Saint-Simon é exemplo mais óbvio. No século XIX, o século da afirmação dos Estados burgueses contemporâneos, Auguste Comte, com seu plano para reformar a sociedade a partir da ciência, é uma espécie de coroação do processo. No século XX, Keynes, com seu conhecido desprezo pelo horizonte mesquinho dos homens de negócio e dos rentistas, via em uma aristocracia intelectual (com a qual se identificava) o condutor da reforma. Por isso desacreditava da possibilidade do Labour

Party assumir tal papel — e recusava a ele sua adesão.[1] Por isso também fustigava os conservadores, e concebia um tipo específico de liberal, capaz dessa tarefa histórica, um liberal no sentido próximo da palavra nos Estados Unidos.

Em um país tardio — tardio em sua constituição política e na conformação de seu modelo socioeconômico —, um pensador hoje menos lido iria levar esse tema ao estatuto de teoria. É Karl Mannheim, que, desenhando um "diagnóstico de nosso tempo", nele vê o desaparecimento da ordem social constituída pelo costume e pelas configurações espontâneas e sua substituição, acidentada e incerta, mas progressiva e inevitável, pela ordem planejada, a ordem construída pela ciência e pela técnica, incluindo, sobretudo, aquela parte da ciência e da técnica desenvolvidas para compreender e modelar o comportamento humano. Nesse processo, Mannheim (1972, p.182-3) atribuía um papel decisivo para à *"intelligentsia* socialmente desvinculada" que "resume em si todos os interesses que permeiam a vida social". Os intelectuais cumprem sua "missão de defensores predestinados de interesses intelectuais do todo". O intelectual pode fazê-lo porquanto "seu treinamento o equipou para encarar os problemas do momento a partir de várias perspectivas e não apenas de uma, como o faz a maioria dos participantes de controvérsias" (Mannheim, 1972, p.81).

Do lado debaixo do Equador, onde pode não haver pecado, mas seguramente há capitalismo, foi Celso Furtado o pensador que desenhou com mais detalhe esse personagem — e tentou interpretá-lo! Furtado definia o intelectual como o "único elemento dentro de uma sociedade que não só pode mas deve sobrepor-se aos condicionamentos sociais mais imediatos do comportamento individual". Essa posição "lhe faculta mover-se num plano de racionalidade mais elevado e lhe outorga uma responsabilidade toda especial — a da inteligência" (Furtado, 1964, p.9-10).

Furtado nunca abandonou tais idéias e encarnou, até o fim de seus dias, a realização de tais idéias como uma espécie de missão.

Tais reflexões — um aparente desvio de rumo — nos surgem a partir do confronto com algumas vigorosas percepções, luminosas e provocadoras, sobre o "mundo agro", sua projeção na história e a confluência dessa projeção particular com a chamada questão nacional, a conformação do

---

[1] "O problema político da humanidade é combinar três coisas: eficiência econômica, justiça social e liberdade individual. A primeira necessita espírito crítico, precaução e conhecimento técnico; a segunda, um espírito entusiástico e altruísta, que aprecie o homem comum; a terceira, a tolerância, alento, apreço pelas excelências da diversidade e independência ... O segundo ingrediente é o melhor patrimônio do grande partido do proletariado. Mas o primeiro e o terceiro requerem as qualidades do partido ... que têm sido a sede do individualismo econômico e da liberdade social." Liberalism and Labour. *Essays in Persuasion*, ed. de 1972.

país, dos blocos de classes e frações de classe que disputam o poder político, os blocos históricos que ensaiam dar ao país um projeto nacional.

O PAÍS QUE TEMOS

Essas percepções poderiam compor uma espécie de antologia de revelações. Aqui apenas sintetizamos os traços que mais nos interessam.

Nessa antologia imaginária, o texto mais antigo foi produzido pelo Comitê Interamericano de Desenvolvimento Agrícola (CIDA), entidade da Organização dos Estados Americanos (OEA). É o capítulo IV de *Posse e uso da terra e desenvolvimento socioeconômico do setor agrícola: Brasil*, de 1966.[2] Resulta de amplo estudo sobre implicações do padrão fundiário para o modelo socioeconômico brasileiro, tal como aparecia na segunda metade da década de 1960. Interessa-nos destacar dois elementos. Em primeiro, temos o que se usou chamar de proprietário-ausente — e as implicações dessa ausência para a configuração do universo social e político. Pensemos nos cálculos do proprietário, nos elementos que condicionam suas decisões e comportamentos (que não necessariamente são decisões resultantes de cálculo, estrito senso). Ora, na descrição apresentada naqueles textos, percebe-se a pouca incidência, nessas decisões, do que ocorre, de fato, no meio ambiente que circunda seu negócio, meio ambiente natural (solo, água, ar) e social (relações humanas, coesão social, administração das políticas públicas). Se o empresário é ausente desse ambiente, a qualidade do ambiente é também bastante ausente de suas considerações e escolhas. As duas coisas parecem descoladas. Note-se, ainda, como outro lado da moeda, as duas faces desse sujeito social. Por um lado, é proprietário rural. Dessa atividade retira grande parte, senão a maior parte de seus dividendos, funda sua base política e a caução para obtenção de créditos, isto é, como lembrava Schumpeter, para ter acesso antecipado a um "direito" e utilizar uma riqueza que ainda não tinha criado. Por outro, ele é também um agente da economia urbana — comerciante, industrial, financista e usurário —, disso também retirando dividendos e prestígio. Quando se fala, assim, de "viés antiagricultura" das políticas de governo dos países subdesenvolvidos, seguramente no Brasil seria impróprio entendê-lo como "viés antiproprietário agrário". Este, além de enriquecer no campo e na cidade, ocupou e segue ocupando espaços determinantes da máquina política, no Congresso, nos governos estaduais e municipais, nas assembléias e câmaras, no Judiciário. Qualquer inspeção

---

[2] Comitê Interamericano de Desenvolvimento Agrícola. *Posse e uso da terra e desenvolvimento socioeconômico do setor agrícola: Brasil*. Washington, D.C.: Secretaria Geral da Organização dos Estados Americanos, 1966. O capítulo IV foi reproduzido em PRADO Jr., Caio. Et al. *A agricultura subdesenvolvida*. Petrópolis: Vozes, 1969.

superficial verifica o quanto "antigos coronéis" continuam sendo poderosos, muitos deles, claro, travestidos de coronéis pós-modernos.

Estudos recentes, como o de Sayad (1984), mostraram um resultado singular e relevante do funcionamento efetivo do Sistema Nacional de Crédito Rural (SNCR), portanto posterior à análise do documento do CIDA. Outros interesses se somaram aos dos grandes proprietários rurais, na aliança conservadora e anti-reformista. Os grandes proprietários têm sua posição fortalecida pelo SNCR — são os que mais têm acesso a ele. Mais ainda: Sayad indica que, com o crédito rural subsidiando e garantindo a operação de suas atividades agrárias, eles podem mobilizar seus recursos próprios para outras inversões (manufatura, comércio, serviços, aplicações financeiras). O SNCR, desse modo, não aumenta os recursos investidos na agricultura — substitui sua fonte. Também não elimina o proprietário ausente e bifronte — alimenta-o. De outro lado, os estudos de Moreira (1999) e Belik (2000) mostram como a indústria (a jusante e a montante) "come" os benefícios do crédito. Nada surpreende, pois, na afirmação de que a aliança anti-reformista tenha sido ampliada e diversificada nos grupos que a compõem.

A partir do relato do CIDA também entendemos quão difícil e improvável (se dependesse desses sujeitos) seria a adoção de políticas que revalorizassem o mundo rural. Não é nesse mundo que o proprietário e sua família vivem, seus filhos estudam; é possível que estes sequer conheçam o negócio "agro" dos pais.

Contemplemos os Quadros 3, 4 e 5, a seguir, com dados para 1980. Registram, portanto, algo que é anterior aos ajustes neoliberais. Eles são atualizados pelo Quadro 6, a seguir, que apresenta números do período pós-reformas neoliberais. Pode-se imaginar algum motivo para que as regiões predominantemente rurais do país atraiam jovens ou conservem sua energia vitalizante? A resposta mais provável é... Não! Mas o que este retrato dos proprietários-ausentes, mas influentes, permite entender é por que e como esse quadro se consolidou, como configurou seguidas e cotidianas decisões (e não-decisões) de alocação de recursos para serviços básicos da cidadania.

Quadro 3 – Freqüência a estabelecimentos educacionais pela população de cinco anos de idade ou mais, 1980

	Urbana	% da população urbana	% da população rural	Rural
Pré-escola	939.024	1,17	144.057	0,37
Primário	16.935.858	21,04	5.623.222	14,56
Secundário	2.880.138	3,58	198.459	0,51
Universidade	1.347.045	1,67	33.810	0,08

Fonte: Dados do *Anuário Estatístico*, IBGE, 1981, apud ALBUQUERQUE M. C. e NICOL, R. *Economia agrícola. O setor primário e a evolução da economia brasileira.*

Quadro 4 – Residências particulares. Disponibilidade de serviços, 1980

	Urbana	% de residências urbanas	Rural	% de residências rurais
Água encanada	13.810.934	75,82	262.107	3,19
Sistema de esgoto	6.886.695	37,81	63.274	0,77
Fogão a gás	15.170.946	83,29	1.044.946	12,71
Energia elétrica	16.124904	88,53	1.692.459	20,58
Geladeira	12.054.999	66,17	1.034.439	12,58
Televisão	13.311.504	73,08	1.207.373	14,68
Automóvel	5.155.716	28,31	777.058	9,45

Fonte: Dados do *Anuário Estatístico*, IBGE, 1981, apud ALBUQUERQUE M. C. e NICOL, R. *Economia agrícola. O setor primário e a evolução da economia brasileira.*

Quadro 5 – Níveis comparativos de serviços de saúde disponíveis à população urbana e rural no Brasil pelo Inamps, 1980

	Urbana	% da população urbana	% da população rural	Rural
Número de hospitalizações	9562.121	11,88	2.191.330	5,67
Número de visitas aos ambulatórios	160.208.137	199,06	19.543.037	50,60
Número de exames médicos	12.476477	15,50	345.824	0,89
Número de tratamentos médicos especializados	68.429.435	85,02	8.076.812	20,91
Número de tratamentos dentários	36.675.814	45,57	17.102.222	44,28

Fonte: Dados do *Anuário Estatístico*, IBGE, 1981, apud ALBUQUERQUE M. C. e NICOL, R. *Economia agrícola. O setor primário e a evolução da economia brasileira.*

Quadro 6 – Domicílios particulares permanentes que têm acesso a alguns serviços e bens básicos e taxa de analfabetismo (%): Brasil e Nordeste, 1996

Item/Bem	Brasil Urbano	Brasil Rural	Nordeste Urbano	Nordeste Rural
Esgotamento sanitário	96,1	62,0	88,4	39,7
Coleta de lixo	87,5	12,0	72,9	7,3
Iluminação elétrica	98,7	66,9	97,4	52,3
Telefone	30,3	4,5	20,0	2,2
Filtro de água	61,5	43,3	64,0	41,8
Geladeira	86,4	43,2	69,5	22,0
Rádio	91,9	83,9	86,5	78,1
Televisão	91,3	54,3	83,7	38,5
Analfabetos 10 anos ou +	10,0	29,3	19,2	42,3

Fonte: IBGE. PNAD (1996); Síntese de Indicadores (1997). Reproduzido de GRAZIANO DA SILVA, J. *O novo rural brasileiro*. Campinas, Instituto de Economia/Unicamp, 2002, p.106.

Mantido um quadro como esse, não há plano de desenvolvimento agrário que se sustente. O mais provável é que se repita o filme exibido pela passagem de Roulquié:

> A transferência da capital federal, assim como, antes, a criação de uma nova capital para Minas Gerais, Belo Horizonte, fundada em 1897, ou para Goiás, Goiânia, não estão desconectadas da gênese histórica do Brasil nem com sua cultura nacional. O espírito *bandeirante* e a 'miragem da fortuna fácil' condicionam a organização da vida coletiva e a relação com o território. A procura do lucro imediato não é exclusiva dos *garimpeiros* que se lançam em direção do ouro de ontem ou de hoje. As elites não hesitam a investir tudo no produto bem cotado no mercado mundial. O Brasil continua a ser um país de mineração. Explora-se e parte-se. Mesmo a agricultura tem uma dimensão mineradora. Liquida-se a vegetação e esgotam-se os solos como se exaure um filão de minério, depois se deixa o lugar em busca de outras terras. Claude Lévi-Strauss não hesitou em falar, a esse respeito, de uma 'agriculture de rapine'. O povoamento estável que humaniza duravelmente a paisagem não é a nota dominante desta lógica produtiva. O Brasil não tem 'camponeses' no sentido francês do termo, com aquilo que isso implica de intimidade, de familiaridade com o solo, ele não conhece senão desbravadores e agricultores em busca de terras livres e produções rentáveis. O conjunto da sociedade é o reflexo desta economia nômade. (Roulquié, 2006, p.42)

O PAÍS QUE QUEREMOS?

Parece haver grande acordo na afirmação de que toda e qualquer estratégia de desenvolvimento rural combinaria os seguintes planos de intervenção para o setor público:

1) programas de criação de instituições relacionadas à pesquisa agrícola, educação rural, treinamento de agricultores;
2) programas de investimento em infra-estrutura, incluindo irrigação, drenagem e estradas rurais;
3) programas para melhorar a comercialização de produtos e a distribuição de insumos;
4) políticas relativas a preços, tributação e sistema de posse e uso da terra; e
5) programas de bem-estar rural — nutrição, saúde, assistência social, educação, lazer, cultura e comunicações.

Contudo, listados esses itens, aqui se encerraria o consenso. Nenhuma dessas políticas é neutra ou tem condições de ser percebida como neutra. Feito o rol, enfim, começa o problema mais difícil: a formação de consensos para a adoção de políticas efetivas, que podem ter resultados antagônicos ou podem ser vistas como antagônicas pelos grupos sociais em presença. Daí a importância de identificar essas forças em presença — atores sociais e políticos relevantes, seus interesses, valores, inclinações. Celso Furtado equacionava tal problema do seguinte modo:

> Um estudo mesmo sumário da sociedade brasileira deixa ver que a apropriação do excedente — entendido este como o produto social que não é utilizado para reproduzir a população — obedece a um sistema de forças que pode ser descrito a partir dos seguintes elementos: a) controle da terra; b) controle de mercados de estruturas oligopolistas; c) controle dos fluxos financeiros; d) estruturas corporativas; e) estruturas sindicais. Essa enumeração não tem qualquer pretensão taxionômica nem é exaustiva. O que se tem em vista é enfatizar que o sistema de preços relativos, que está por trás da distribuição da renda, é comandado por um conjunto de forças sociais mais ou menos institucionalizadas, que não se modificam com facilidade ou sem suscitar resistência e resposta. O tecido de relações sociais em que se cristalizam os privilégios de grupos possui uma inércia que é a contrapartida da estabilidade social; é a defesa desses privilégios que engendra a resistência à mudança. (Furtado, 1982, p.62)

Reitera-se desse modo que o principal problema do desenvolvimento agrário, sobretudo em sua relação, indissolúvel, com o projeto de desenvolvimento nacional, não é técnico, é primordialmente político. Trata-se do problema político da produção de "consensos" ou das coalizões sociopolíticas capazes de conduzir a transformações qualitativas na ordem estabelecida. Ou, em outro registro semântico, trata-se da constituição do "novo príncipe", sujeito político capaz de formular projetos políticos suficientemente inclusivos para incorporar as diferenças internas da coalizão. Ao mesmo tempo, esses projetos precisam ser suficientemente realistas, acreditáveis e esperançosos, capazes de mobilizar os associados.

O problema-chave não é técnico, nem de *conhecimento* técnico, estrito senso. É político. De *conhecimento* político e também de *produção de ação* política. São duas coisas diferentes, ainda que estreitamente conectadas. Conhecimento político: identificar sujeitos, interesses, valores, potenciais de cooperação e de conflito. Produção de ação política: provocar o consenso, antecipar o consenso para que ele se realize (Furtado). O conhecimento político é ferramenta essencial para reduzir o custo da inovação induzida...[3]

"Precisamos hoje de um método mais elaborado para criar conscientemente o consenso", diz Mannheim, "[de] métodos para criar uma vontade política unificada mediante um acordo voluntário entre os grupos sociais antagônicos." (Mannheim, 1972, p.57).

Celso Furtado repete, seguidamente, em numerosas passagens, que cabe aos intelectuais "antecipar o consenso" e preparar o caminho para que ele se organize.

---

[3] "...avanços no conhecimento das ciências sociais tiveram o efeito de mudar a curva da oferta de inovação institucional para a direita, desse modo reduzindo os custos da mudança institucional." (RUTTAN, 2006, p.71)

Parece cada vez mais evidente que algumas ilusões caras e confortadoras precisam ser postas em questão, se queremos entender o nosso problema na forma ativa, aquela que o vê como transformável, não como algo cuja existência se lamenta. Se, nessa altura da reflexão, quiséssemos adiantar uma dessas constatações, diríamos: Não nos inventemos sujeitos, não nos deixemos escravizar por enquadramentos que limitem a percepção da realidade e, portanto, dos potenciais de desdobramento do futuro. A análise do "mundo agro" brasileiro não pode seguir escrava da dicotomia agronegócio, agricultura "de escala", capitalizada e tecnicamente carregada *versus* agricultura familiar (para a qual as adjetivações seriam inversas ao conceito anterior). Os sujeitos reais não se comportam nem se comportarão conforme esse apertado figurino. Não cultivemos desilusões, que nos encaminham, segura e serenamente, para a derrota e a depressão. Ou para a tentação autoritária, que apenas adia a derrota e talvez a torne ainda mais dolorosa.

Outra constatação que se afirma de modo progressivo é que o papel do Estado — na conformação do desenvolvimento agrário — é absolutamente decisivo. Não se trata de discutir se o Estado deve ser grande ou pequeno, enxuto ou derramado. Ele precisa ser forte. Para isso, precisa ter, sobretudo, instrumentos de coleta e seleção das informações relevantes, instrumentos de processamento dessas informações, instrumentos de uso dessas informações para orientar a atividade produtiva e a ação coletiva de agricultores e criadores. Não parece injusto afirmar que não temos essas ferramentas, e o pouco existente, aqui como em outras áreas da ação estatal reguladora, foi severamente danificado pelas reformas da última década.

Repita-se, à exaustão, para que nunca o esqueçamos. O principal problema do desenvolvimento agrário, sobretudo em sua relação, indissolúvel, com o projeto de desenvolvimento nacional, não é técnico, é primordialmente político. Os contrastes que aparecem entre as plataformas dos diferentes grupos sociais, programas de partidos e de governos (delineados em nossos textos anteriores) refletem divisões de fundo quanto a modelos de sociedade almejados por esses sujeitos.

Não se trata apenas nem principalmente de divergência sobre aspectos técnicos das políticas apregoadas. O que está em jogo — sem o surgimento de uma clara visão hegemônica que consiga introduzir liderança estável no espaço político brasileiro — é o lugar e a forma que diferentes sujeitos pretendem para o espaço rural no projeto de desenvolvimento do país.

Durante algum tempo, o inevitável discurso da globalização tudo pareceu explicar e/ou justificar. E obscureceu ainda mais esse quadro de escolhas, ao fomentar a ilusão de que a escolha já estava feita à revelia do país e de seus cidadãos. A lógica aparente da integração competitiva deslocava do cenário a discussão de projetos de longo prazo — pejorativamente qualificados como "grandes narrativas" obsoletas, ineficazes e tendencialmente totalitárias. De fato, o novo discurso, na aparência plural ou pós-moderno, reduzia o país à condição de neocolônia, de ser político cuja forma e cujo fim são definidos alhures, por forças maiores, incontroláveis. A versão mais caricata de tal orientação subalterna foi verbalizada por um ex-ministro da Educação (da educação!) que chegou a afirmar que o desenvolvimentismo era coisa do passado:

> Para mantê-lo, era necessário criar uma pesquisa e tecnologia próprias. Com a abertura e a globalização, a coisa muda de figura. O acesso ao conhecimento fica facilitado, as associações e joint ventures se encarregam de prover as empresas de países como o Brasil do know-how que necessitam ... Alguns países, como a Coréia, chegaram mesmo a 'terceirizar' a universidade. Seus melhores quadros vão estudar em escolas dos Estados Unidos e da Europa. Faz mais sentido do ponto de vista econômico.[4]

Como economista, o ministro calculou que educação custava caro demais — escolheu a ignorância.

---

[4] Revista *Exame*, 17 de julho de 1996.

5
AGRONEGÓCIOS *VERSUS* CAMPONESES?

Os modelos analíticos que enquadram nosso objeto — modelos conceituais e visuais — permitem compreender (e, em certa medida, superar) a contraposição entre os sistemas de grandes fazendas fordistas, similares às plantations, e o universo da assim chamada agricultura familiar.

Consideremos dois diagramas (um deles já reproduzido), que buscam enquadrar o mundo produtivo (e o "agro", especificamente) em um contexto mais amplo.

O primeiro (aquele que repetimos) é este:

```
Esfera da reprodução social:
    = simples:   alojamento, alimentação, saúde
    = ampliada:  ensino, formação
    = quadro legal/normativo

  Esfera periprodutiva
  Montante: serviços a empresas, serviços financeiros, informica
  Jusante: comércio atacadista e interindústrias, transporte

    Esfera da produção

    - funções concretas: fabrico, manutenção, transporte

    - funções abstratas: administração/gerência,
                        concepção/pesquisa,
                        comercialização
```

Fonte: Adaptado de F. Damette e J. Scheblin apud Carroué, Collet e Ruiz, 2005, p.56.

Figura 6 – Os condicionantes dos subsistemas produtivos: esferas de inclusão, influência e determinação.

O quadro permite perceber fatores dos quais depende o sucesso ou insucesso, os rumos, a qualidade do mundo produtivo: o que, como e para quem se produz.

O segundo diagrama (Figura 6) procura separar, entre os condicionantes do segmento produtivo agropecuário, os fatores naturais e aqueles artificiais, isto é, produzidos pela mão humana. Aqui, o *farming system* aparece como um objeto (e sujeito) submetido a dois conjuntos de condicionantes. A parte de cima (com duas subdivisões) é mais tipicamente "man made", fruto da ação humana; a de baixo, menos vulnerável a essa manipulação. Metade fortuna, metade *virtú*, como dizia a centenária sentença de Maquiavel: uma parte do que nos advém resulta de forças sobre as quais é escasso o conhecimento, a previsão e o controle do agente humano. A outra metade, porém, é fruto da ação inteligente.

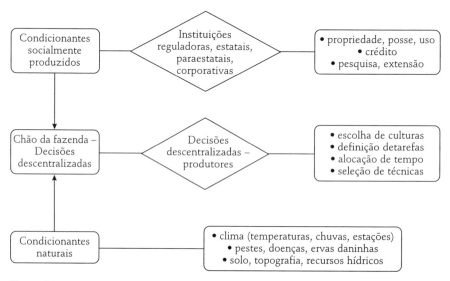

Figura 6

Olhando mais atentamente para o diagrama da Figura 6, percebemos como o avanço do conhecimento reduz uma dessas metades. É seguramente limitada a possibilidade de transformar *todo* o lado de baixo do diagrama em condições "man made". A literatura tem indicado que isso é mais evidente no caso da agricultura, em que o ritmo da vida, das estações, do desenvolvimento dos seres vivos tem suas próprias exigências. Mas o próprio fato de tornar tais fatores *previsíveis* coloca-os mais próximos da *virtú*: sabendo-se o rumo e a intensidade da roda da fortuna, podemos nos preparar para seus efeitos (mesmo que eles sejam inexoráveis). Ou seja, mesmo que fatais, não são inesperados ou surpreendentes.

O projeto de desenvolvimento envolve as suposições expostas nos dois parágrafos anteriores. E por isso ele é pro-jecto, algo que se produz deliberada, planejadamente, "by design". E também por isso é nacional, coloca-se no plano político da ação coletiva: as decisões de fundo, sobre os fins desejados e não apenas sobre os meios de atingi-los, são tomadas no plano da política. E, fundamentalmente, são tomadas no âmbito do Estado nacional, âmbito em que os três monopólios do poder político se exercem com legitimidade, porque referendados pelos cidadãos-eleitores: monopólio da produção da norma de universal cumprimento (só o Estado faz lei), monopólio da taxação do excedente econômico (só o Estado taxa), monopólio da coerção física (só o Estado obriga e pune). É nesse espaço, o Estado nacional, que se traçam as políticas de fomento e as regulações decisivas para condicionar o mundo produtivo: o que produzir, como e para quem.

A idéia de desenhar (projetar) políticas para o desenvolvimento agrário — da política de pesquisa, mas também políticas de educação, saúde, infra-estrutura, fundiária, ambiental, fitossanitária, creditícia etc. — supõe tais postulados e definições de partida. Até mesmo nas afirmações mais prosaicas, que parecem ou pretendem registrar verdades auto-evidentes e auto-suficientes, podemos notar tal dependência lógica, podemos evidenciar como, de fato, a adoção de políticas é uma *escolha*, resposta específica, determinada a uma pergunta de partida: que tipo de país vislumbramos construir, a médio e longo prazo?

Até mesmo nas afirmações mais prosaicas, dissemos no parágrafo anterior. Vejamos uma delas. É usual, por exemplo, afirmar-se (como indicador de peso gravitacional) que o agronegócio, no Brasil, representa um terço do PIB ou um terço das exportações. Isso é verdadeiro. Ao lado de tal cotação, contudo, faz falta lembrar que não apenas o agronegócio é relevante para a exportação (nessa razão de um terço), mas que a exportação é decisiva para o agronegócio (na proporção de metade), o que leva, certamente, a outras inferências sobre o mesmo fenômeno. A conjunção dos dois modos de olhar a coisa ajuda a pensar melhor o sentido da política agrícola, que seria perigosamente enviesada se apenas a primeira sentença fosse dita. A qual fim se destina tal política? Como a exportação é meio para tal fim? A ampliação dos ângulos ajuda a perceber que postular a exportação como um fim significa abandonar, praticamente, a reflexão com base na nação como unidade de análise. Apenas uma colônia — uma nãonação, um corpo heterônomo — pode ser definida como um ente fundamentalmente exportador, orientado para a realização dos fins de outro ente, a metrópole. A colônia não pensa, é pensada. Não se declara, é declarada.

Tal gênero de reflexão seria supérfluo, talvez sequer surgisse, se o Brasil fosse uma colônia (ou neocolônia) de plantations exportadoras, voltada a resolver problemas e necessidades da metrópole. É esse tipo de posicionamento subalterno que levou, por exemplo, um ministro de Educação a declarar que, na era da globalização (sempre ela...), investimento em educação superior e pesquisa é dispensável, pode ser terceirizada para o exterior. Se, porém, o Brasil não é e não quer ser colônia, isso o obriga a pensar o desenho que se fará do "mundo agro" (e agroindustrial). Decidir se ele terá o formato da plantation moderna ou do latifúndio de proprietário-ausente ou, então, um desenho mais complexo — em que a imagem da plantation se transforma na de complexo agroindustrial, a de economia camponesa na de agricultura familiar, e o conjunto daí resultante em uma trama fina, o que autores como Yujiro Hayami chamam de *contract farming*.

Vejamos o que significa esse último desenho — o *contract farming* explicado por Hayami. Talvez ajude-nos a evitar estereótipos que têm viciado a discussão do desenvolvimento agrário entre nós. Modelos simplificados, imagens extremadas são com freqüência recursos heurísticos importantes, úteis, imprescindíveis mesmo. Mas, quando se congelam em estereótipos, corremos o risco de censurar o pensamento, já que, com alguma freqüência, estereótipos mascaram as *escolhas* políticas, apresentando-as como imposições da realidade.

A argumentação de Hayami aparece no meio de detalhados e documentados estudos sobre o desenvolvimento agrário no leste asiático. A sua primeira afirmação, que nos interessa destacar, é esta: nos países em desenvolvimento ainda existe uma Questão Agrária e ela precisa ser pensada em um quadro analítico que fuja do eixo viciado, aquele que se centraliza na comparação de eficiências relativas (camponeses *versus* plantations).

A construção de dois modelos polares — economia camponesa, por um lado, plantation/latifúndio, por outro — tem orientado grande parte da discussão sobre a questão agrária nos últimos cinqüenta anos. Nesse tipo de arrazoado,

> O termo "plantation" se refere aqui a grandes propriedades baseadas em trabalho assalariado, e que foram inicialmente estabelecidas em economias desenvolvidas por colonizadores ocidentais com o propósito de extrair produtos agrícolas tropicais para exportá-los ao seu país de origem. Um paradigma tradicional desenvolvido sob o colonialismo foi identificar o setor latifundiário (de plantations) como um enclave moderno equipado para o mercado internacional, e o setor camponês como dominado pela idéia de subsistência e indiferente aos incentivos do lucro criados por mudanças nas demandas de mercado e por oportunidades tecnológicas. (Hayami, 1998, p.303)

Posta em perspectiva, essa construção dual evolui para aquela que opõe agricultura familiar e agronegócio. Este termo parece reencarnação mais ou menos deletéria do projeto colonial ou senhorial, para alguns. Para outros, é apenas o equivalente do "progresso", então identificado com um ideal fordista traduzido da fábrica para a fazenda.

Hayami lembra do problema para o qual a integração vertical — de que a plantation é um caso — tenta se apresentar como resposta: coordenar produção na fazenda com processamento e comercialização em mercados não locais (nacionais e internacionais). A economia camponesa e a agricultura familiar não podem evitar essa questão: como construir um "canal adequado para conectar a agricultura de pequenos proprietários com amplos mercados nacionais e internacionais" (Hayami, 2006, p.2). O autor ainda nota que

> uma grande plantation baseada em trabalho assalariado sob administração centralizada era uma organização necessária e eficiente para a abertura de novas terras para a produção de cultivos de exportação, dada sua capacidade de construir a infra-estrutura necessária, estradas e portos, enquanto que as pequenas propriedades não têm nenhum incentivo para investir em infra-estrutura uma vez que sua escala operacional é muito pequena para internalizar ganhos advindos deste tipo de investimento. (Hayami, 2006, p.12)

Esse sistema teve e tem algum sucesso em circunstâncias bem definidas: ocupação de fronteiras e atividades produtivas que tendem à monocultura. Contudo, "depois que o estágio de abertura das terras tinha terminado e a infra-estrutura estava construída, o sistema de plantation se tornava cada vez mais ineficiente em relação ao sistema de pequenas propriedades" (Hayami, 2006, p.6). Não apenas menos eficiente, salienta o autor: o sistema de plantation responde também de modo bastante precário a exigências de conservação do meio ambiente, da inovação e da estabilidade social:

> plantations geralmente se especializam em um único cultivo. Esta tendência para a produção de uma monocultura reduz a flexibilidade destas organizações produtivas, sua habilidade para responder a mudanças na demanda através de mudanças para a produção de outros cultivos. Além disso, a produção contínua de um único cultivo geralmente resulta em degradação do solo e numa crescente incidência de pragas; a aplicação de fertilizantes e produtos químicos causa uma severa sobrecarga para a saúde humana e o ambiente ... a especialização dos trabalhadores das plantations em tarefas específicas inibe o desenvolvimento de sua capacidade administrativa e empreendedora ... o sistema de plantation é a fonte dos conflitos de classe entre os trabalhadores e os administradores e capitalistas. A presença de um enclave de plantation em economias rurais onde predomina o modo camponês de produção freqüentemente torna tensas as relações nas comunidades rurais. Quanto ao critério de estabilidade social, portanto, o sistema de plantation não é páreo para o sistema de pequenos produtores relativamente homogêneos donos de pequenas propriedades não importa o quão pequenas elas sejam. (Hayami, 1998, p.306)

Assim, o sistema de plantation fora *uma* resposta, historicamente produzida, a um determinado problema. Contudo, era resposta que gerava problemas outros — ou melhor: gera situações que se definem como problemas... a depender dos objetivos que julgamos desejáveis. Essa observação é decisiva: para alguns, talvez, esses problemas não existam ou não tenham relevância.

Hayami destaca — e, para nossos fins, esse nos parece um elemento estratégico — o modo de superar tais problemas:

> Estas desvantagens podem ser mitigadas se o sistema de plantation for reorganizado no sistema de *contract farming*. No *contract farming*, uma empresa (ou cooperativa) de agronegócio administra o processamento e a comercialização, mas contrata os agricultores camponeses para o fornecimento de produtos agrícolas. A empresa fornece orientação técnica, crédito e outros serviços aos camponeses em troca da produção prometida à empresa. Deste modo, o sistema pode aproveitar os camponeses na produção agrícola sem sacrificar economias de escala no processamento e na comercialização. Uma grande vantagem deste sistema é utilizar não apenas o trabalho físico, mas também a capacidade administrativa da população rural em economias em desenvolvimento. A alta eficiência deste sistema é ilustrada pelo fato de a Tailândia, que em tempos relativamente recentes começou a produzir abacaxi enlatado neste sistema, ultrapassou as Filipinas, anteriormente líder na exportação de abacaxi enlatado, cuja produção é baseada no sistema de plantation...
> O enfoque racional, portanto, deveria ser o desenvolvimento de um mecanismo de indução para o estabelecimento de uma organização agrária que combine adequadamente as capacidades empreendedoras e administrativas tanto dos camponeses quanto das empresas de agronegócio.
> Uma política projetada nesta direção poderia incluir a eliminação progressiva de tratamento especial para plantations, tais como os arrendamentos de terras em termos favoráveis e a distribuição especial de licenças de importação e moeda estrangeira, e a aplicação mais severa de leis trabalhistas e ambientais às fazendas empresariais. Ao mesmo tempo, o governo tem que investir em educação, pesquisa e extensão para desenvolver a capacidade de pequenos produtores para operar o esquema de *contract farming* de maneira eficaz. (Hayami, 1998, p.306-7)

Hayami refere-se a uma política projetada nessa direção... Há uma política, construída, portanto, que pode — ou tem de — haver, como sugere o autor:

> Com certeza, organizações não lucrativas, como cooperativas agrícolas e associações comunitárias, têm um papel importante. Organizações governamentais e não governamentais podem dar a elas um grande apoio através de atividades como pesquisa agrícola, desenvolvimento e extensão, bem como educação e treinamento para aprimorar sua capacidade tecnológica e administrativa ao invés de conceder-lhes privilégios especiais nas finanças e no comércio. Do mesmo modo, o governo também pode fazer muito para apoiar as atividades de empreendedores públicos e privados no campo. Investimentos públicos e infra-estrutura de comunicação e transportes contribuem não apenas diretamente para reduções nos custos de comercialização tangíveis, mas também para reduções nos riscos de comercialização e nos custos de transação através de fluxos de informação melhorados, promovendo, assim, novas entradas e competição no mercado. Reduções significativas no risco de comercialização e nos custos de transação também são esperadas com o desenvolvimento de serviços públicos de informação tais como a classificação, a padronização de pesos e medidas, a troca de mercadorias, a previsão de safras e cotações regulares dos preços de mercado em vários centros de comércio através de mídias de massa. (Hayami, 2006, p.22-3)

A elaboração de Hayami sobre o *contract farming* tem um lado descritivo: expõe uma solução prática encontrada pelos agricultores, em diversos países, para resolver problemas de alocação ótima de recursos. E tem um aspecto normativo: aponta para a superioridade dessa forma de organização sobre o sistema de plantations e de integração vertical.

Aparentemente, o modelo supera ou contorna o conflito, sempre apontado, entre os objetivos de eficiência e eqüidade. Hayami alega não apenas que o *contract farming* é mais eficiente, como também produz menos desigualdade e polarização social. Mais ainda: a seu ver, produzindo menos desigualdade produz também menos tensão, que por sua vez é fator de ineficiência.

Mas há problemas, também, nesse modelo aparentemente tão virtuoso. Na indústria, o modelo da subcontratação fora difundido como uma das formas da terceirização de atividades auxiliares ou de apoio. Visava a reduzir custos, aliviando encargos sociais e trabalhistas, flexibilizando contratos de trabalho, transformando custos fixos em variáveis. Se desregulamentado, se deixado a si mesmo e às forças "naturais" do mercado, tal movimento comporta enorme risco. É possível se criar mercados de trabalhos duais segmentados — com um setor "desprotegido" responsável pela absorção de trabalhadores informais e/ou sub-remunerados. Em que medida o *contract farming* de Hayami teria tal propensão? Como poderia ser contrabalançada?

Para refletir sobre essas perguntas, um recuo no tempo e nos argumentos pode ser útil. Durante o século XX, numerosos pensadores reformistas sublinharam a relevância dos mecanismos de transferência estatal — como custos sociais e trabalhistas, taxação, regulações ambientais — ou de regulação dos investimentos para atingir fins socialmente desejáveis e/ou reduzir os impactos negativos das oscilações a que está sujeita uma economia de mercado. Acentuaram também o papel decisivo do Estado na regulação das mudanças estruturais. A teoria do estado regulador — a filosofia social sintetizada por J. M. Keynes no último capítulo de sua *Teoria geral* de 1936 — apoiava-se na descrição de grandes males nada imaginários, para quem olhava sem travas ideológicas os resultados da competição capitalista. A desigualdade era apontada como matriz de instabilidade social e política, anomia, possibilidade de rupturas regressivas. Por outro lado, a pobreza absoluta e o "salve-se-quem-puder" eram descritos como uma dissipação de energia, queima de ativos (humanos) indispensáveis para o ciclo seguinte de recuperação dos negócios. Ainda no entreguerras, o sociólogo alemão Karl Mannheim alertava para o fato de as ferramentas intelectuais do planejamento já estarem disponíveis, prontas para afetar o comportamento social, em lugar do costume, da tradição e do *laisser-faire*. No pós-guerra, um grande estudioso e entusiasta do *welfare state*, T. H. Marshall utiliza essas idéias em seu já clássico *Social policy in the twentieth century*.

A reflexão dos reformadores era solidamente fundada em experiências dolorosas do século XX, da depressão ao nazifascismo. E sua argumentação não era apenas ética, relativa a fins. Pretendia ser também pragmática, visava aos meios. Compreendia que toda transformação estrutural — e a sociedade moderna assume a transformação como rotina — tem perdedores e ganhadores. A existência de uma esfera pública forte, gerenciando o processo, aparece, no arrazoado, como essencial para prover políticas de compensação para que perdedores não se desesperem e destruam o sistema. Ou, então, para que não desapareçam e "façam falta" mais tarde, no ciclo ascendente que os requerer. As políticas compensatórias são, portanto, em outro modo de ver, políticas de estabilização e de desenvolvimento. Os "gastos" públicos, nesse viés, são investimentos no futuro. Esse velho argumento (de Keynes, Mannheim e Marshall, entre outros) é visivelmente retomado em estudos recentes do Programa das Nações Unidas para o Desenvolvimento (PNUD) — sobre pobreza, desigualdade e democracia — e do Banco Mundial — sobre as reformas de segunda e terceira gerações, as reformas pós-ajuste. Aparece também, com fervor e freqüência quase religiosos, nos escritos daqueles que parecem querer criar uma "nova economia do desenvolvimento", uma espécie de "teoria do pós-ajuste". Stiglitz é o nome mais importante dessa corrente. Mas a constelação de escritos sobre o tema já é enorme e teríamos de escrever outro livro para dar conta de seus desdobramentos.

6
Desenvolvimento agrário e tecnociência

Neste capítulo, iniciamos com a descrição esquemática dos condicionantes do desenvolvimento agrário, sublinhando os diferentes graus de controle sobre sua provisão. A seguir, expomos as razões pelas quais o campo do conhecimento — pesquisa e desenvolvimento (P&D), extensão, ensino — é estratégico, por que é essencialmente público e por que tem de ser desenvolvido pelos Estados nacionais e não apenas por empresas, organizações multilaterais e instituições internacionais de pesquisa. Introduzimos, a seguir, o debate sobre formatos adequados para a atividade de pesquisa e extensão.

CONDICIONANTES DO DESENVOLVIMENTO AGRÁRIO E DIFERENTES GRAUS DE CONTROLE SOBRE SUA PROVISÃO

Podemos distinguir duas faces no que chamamos de Desenvolvimento Agrário. Uma delas, qualitativa, diz respeito ao modelo, ao formato desse universo — que tipo de propriedade e de relações sociais nele se sobressaem, quais os valores que o animam, quais as instituições que encarna e o encarnam. A outra face, quantitativa, diz respeito ao ritmo de crescimento da produtividade, ao domínio do país sobre suas condições de sobrevivência.

Qual o perfil dessas duas "faces"? Retomemos figuras anteriores, com os quais procuramos integrar o "mundo agro" em seus condicionantes:

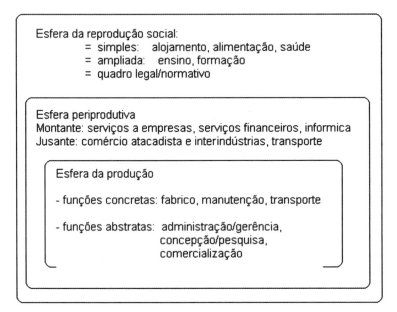

Figura 7

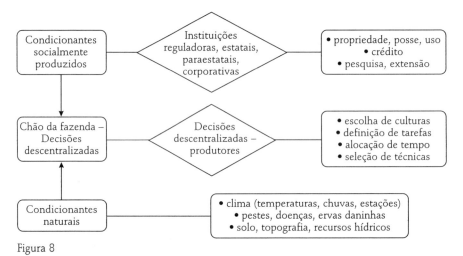

Figura 8

Ambas as figuras sugerem-nos que o desenvolvimento depende de três grandes grupos de fatores:

1) as instituições desenhadas pelos sujeitos e, sobretudo, pela ação social centralizada (governo, organizações corporativas);
2) aquelas que resultam das interações entre indivíduos, grupos, empresas, mas não de seus desígnios e deliberações (o mercado, mas também as tradições, convenções tácitas); e

3) um terceiro grupo de fatores, basicamente "produzido" pela natureza e em grande medida independente do desígnio e do controle humano (ainda que não imune ao conhecimento e à previsão, o que é muito importante, como veremos).

A ação de governo tem como desafio desenhar o que está no item (1), regular as condições de coexistência entre (1) e (2) e ajudar a produzir e difundir o conhecimento sobre (3), de modo a reduzir imprevisibilidades e incertezas.

A agenda governamental para essa tarefa é, como sabemos, ampla e diversificada, envolvendo grande número de Ministérios e Agências. Em certa medida, as esferas de governo voltadas para a política agrária devem estudar e propor políticas (em última instância afeitas a outros Ministérios) que favoreçam o desenvolvimento agrário. Desse ponto de vista, essas outras políticas aparecem como meios para seus fins. Elas também devem desenhar políticas de desenvolvimento agrário que favoreçam a realização de outras políticas, que nesse caso são vistas como fins. Vale a pena destacar um campo muito importante e muito próprio para as instituições de governo voltadas para a agricultura. Trata-se de um fator estratégico e complexo, aquele relativo à P&D e à extensão, a atividade que consiste em descobrir e/ou facilitar a descoberta de aplicações. A isso dedicamos tópico específico, a seguir.

O CARÁTER ESTRATÉGICO DE P&D, EXTENSÃO E ENSINO, E SEU CUNHO ESSENCIALMENTE PÚBLICO

A literatura registra uma grande área de consenso sobre a natureza essencialmente pública da atividade de pesquisa agrícola, por vários motivos:

1) a descoberta ou a inovação, uma vez gerada e difundida, torna-se algo de domínio público, de difícil limitação por patentes ou regras de propriedade intelectual;
2) os agricultores em geral teriam dificuldade em sustentar atividades de pesquisa na escala, escopo e duração convenientes para a geração de descobertas relevantes; e
3) tampouco os consumidores, supostamente beneficiados por tal pesquisa, poderiam ser agentes que suportassem tais custos.

Tais argumentos são bastante freqüentes na literatura. Veja-se, por exemplo, o comentário de Schultz:

> Considerem-se as atividades de estações experimentais e aquelas de universidades relacionadas à agricultura. Elas normalmente não vendem seus produtos, elas tornam suas descobertas disponíveis para o público. E elas também não fornecem

os fundos para cobrir os custos da realização da pesquisa em que estão envolvidas. Quem se beneficia e quem paga os custos da pesquisa agrícola requer alguma elaboração ... Fazendas individuais pelo mundo são obviamente muito pequenas para realizar pesquisas científicas por si mesmas. Tampouco organizações de agricultores são capazes de fazê-lo. A escala da empreitada de pesquisa e a continuidade requeridas para recrutar e manter cientistas competentes exige uma capacidade que está além daquela do agricultor individual ou daquela de várias organizações de agricultores ... Embora os excedentes de consumo derivados das contribuições da pesquisa agrícola sejam reais e grandes ao longo do tempo, não é factível para consumidores aqui ou em qualquer outro lugar organizar e financiar as modernas empreitadas de pesquisa agrícola. A complexidade da pesquisa básica relacionada à universidade levanta questões adicionais sobre quem pode financiar e quem financia este tipo de pesquisa. (Schultz, 1988, p.339-40)

Ao lado de tais argumentos, bastante freqüentes na literatura, há que se adicionar um outro, não específico da agricultura. Conhecimento e informação científica são "bens" de difícil comercialização — a rigor, são mercadorias fictícias, num sentido análogo àquele que, em trabalho já célebre, Karl Polanyi utilizou para falar de trabalho, terra e dinheiro. É apenas em um sentido metafórico que o conhecimento tecnocientífico pode ser chamado de mercadoria, porque lhe faltam características fundamentais para tanto. Para melhor compreendê-lo, simulemos uma comparação: entre um bem como um automóvel, por exemplo, e um bem de conhecimento, como uma fórmula de fármaco, um programa (software), um desenho, uma receita de execução (um plano para um processo).

Se o sujeito A tem um automóvel e o coloca à venda e o sujeito B se candidata à compra, B, de início, examina o automóvel, eventualmente opera o veículo e o submete a exame por um técnico competente (um mecânico de carros). Se resolve comprá-lo, A deixa de ter o direito de utilizá-lo. Ele é de B e só de B.

Vejamos a situação quando o bem é do segundo tipo: uma fórmula, um programa, um desenho, um plano/processo. Uma criação intelectual. Se o sujeito A coloca-o à venda e o sujeito B se candidata à compra, B, supostamente, deveria, aqui também, examinar o objeto que compraria, eventualmente experimentando-o para testar sua efetividade e seus limites. Talvez o submetesse, também, ao exame de técnicos de sua confiança (seus engenheiros e cientistas). A partir daí começa o problema. Mesmo que resolva *não* comprar o produto, B já "adquiriu", sem pagar, o conhecimento necessário para usá-lo. Adquiriu, mas não comprou (pagou). Se o compra e paga, por outro lado, nem por isso A deixa de "tê-lo" à mão, utilizável. Vendeu-o e, ainda assim, conservou sua posse...

O produto intelectual é, assim, um bem de difícil comercialização. Escorre por entre os dedos.

Para os países subdesenvolvidos e para a agricultura, a situação dos recursos intelectuais (*knowledge-based*) é ainda mais dramática, conforme aponta Schultz (1988, p.340-1). A seu ver, são regras básicas as seguintes asserções:

- centros internacionais de pesquisa agrícola não são substitutos para empreendimentos nacionais de pesquisa;
- as grandes instituições de pesquisa agrícola em países de alta renda também não servem aos requisitos particulares dos países latino-americanos;
- as empresas industriais de qualquer país realizarão apenas pesquisa estritamente aplicada com a qual possam obter algum lucro. Em países onde o setor industrial é pequeno e não altamente desenvolvido, seus gastos em pesquisa relacionada à agricultura são, por boas razões, uma parte muito pequena de toda a pesquisa agrícola necessária;
- está além da capacidade do agricultor individual realizar a pesquisa necessária por si mesmo. Nem podem os agricultores coletivamente organizar e financiar a pesquisa agrícola nacional;
- embora com o tempo a maior parte dos benefícios da pesquisa agrícola seja transmitida aos consumidores, não é factível para eles organizar e financiar os empreendimentos de pesquisa agrícola nacional; e
- o único enfoque significativo à moderna pesquisa agrícola é a conceptualização da maioria de suas contribuições como bens públicos. Como tais eles devem ser pagos pelo poder público, o que não exclui doações privadas a serem usadas para produzir bens públicos.

O FORMATO ADEQUADO PARA A ATIVIDADE DE PESQUISA E EXTENSÃO

Há mais de cinqüenta anos, em famoso tratado de Teoria do Desenvolvimento, W. A. Lewis lembrava algo que ainda hoje é menos reconhecido do que deveria:

> O desenvolvimento econômico depende tanto do conhecimento tecnológico sobre coisas e criaturas vivas quanto do conhecimento social sobre o homem e as suas relações com os seus semelhantes. A primeira forma de conhecimento é freqüentemente acentuada neste contexto, mas a segunda tem a mesma importância. O crescimento depende tanto de saber como administrar organizações em grande escala, ou de criar instituições que favoreçam o esforço para economizar, como ainda de saber selecionar novos tipos de sementes, ou construir maiores represas. (Lewis, 1960, p.207)

A pesquisa relevante não é exclusiva, portanto, das chamadas ciências duras, conhecimento que se destina a entender e manejar os fenômenos naturais. Papel fundamental cabe ao conhecimento produzido para entender (e administrar) as relações inter-humanas, os processos sociais, as culturas e os comportamentos, os modos de agir que levam à cooperação ou ao conflito. Neste último caso, para adotar a fórmula sugerida por Vernon

Ruttan, o conhecimento pode reduzir o custo da inovação institucional. A pesquisa pode subsidiar a cooperação informando-a, pode evitar a produção de conflito desnecessário, esclarecendo seus determinantes e suas conseqüências para os indivíduos envolvidos.

O antigo tratado de Lewis deve ser lembrado, ainda, por indicar em que medida certos insucessos nas aplicações de um desses campos (o das ciências duras) podem ser imputados ao fato de se ignorar a necessidade do outro campo (o das ciências do comportamento). Vale a pena reprisá-lo:

> O principal problema do funcionário do serviço de extensão é estabelecer contato com os lavradores; não só contato social, o que é bem fácil na comunidade agrícola, mas aquela espécie de contato mental que resulta na imitação ... Às vezes, o que influi no entusiasmo dos agricultores é de natureza política. Numa região onde os fazendeiros foram explorados durante gerações por latifundiários, agiotas ou comerciantes, é-lhes difícil entusiasmar-se por técnicas novas, especialmente se desconfiam que o principal resultado da nova técnica será o aumento daquilo que os seus opressores lhes tomam. A reforma agrária é, portanto, com freqüência, o prelúdio necessário ao sucesso do programa de extensão agrícola. Se os líderes políticos começam a mostrar interesse real nos problemas dos lavradores — o que geralmente não acontece — e demonstram por suas palavras, e principalmente por suas ações, que estão dispostos a ajudar os agricultores, então, estes provavelmente sairão da letargia. A extensão agrícola sem as mudanças políticas e o entusiasmo que demanda poderá ser apenas um completo fiasco.
>
> Já observamos anteriormente que a introdução de novas técnicas requer grande número de mudanças, não só da estrutura social e econômica, como também da provisão de capital e da aquisição de novas aptidões. A extensão agrícola deve, portanto, ser encarada como parte de um programa muito mais amplo de melhoria agrícola, que inclui muitas outras coisas como estradas, crédito, água e irrigação, pesquisas eficientes de mercados, reforma agrária, desenvolvimento de indústrias novas para absorver a mão-de-obra que ficará ociosa em conseqüência do aumento da produtividade, cooperativas, e assim por diante. O desenvolvimento econômico implica sempre mudança num grande número de setores, e em nenhum setor isso é mais verdadeiro do que quando o desenvolvimento se dá na vida rural. (Lewis, 1960, p.239-41)

Mas o conhecimento não poderia ser embalado em pacotes, pura e simplesmente transferido ou disponível para um "download"?

Uma literatura já não tão restrita, no campo da economia do desenvolvimento, tem apontado para a diferença entre conhecimento formal e informal, tácito e explícito, codificado e não-codificado.[1] No campo específico da economia agrícola, vale lembrar a forma como Frank Ellis sintetiza essa categorização:

> Uma importante distinção é aquela entre pesquisa *formal* e *informal*. Pesquisa formal refere-se a atividades de pesquisa realizadas dentro de instituições nacionais ou internacionais, ou por grandes corporações privadas. Pesquisa informal

---
[1] Este é um tema freqüente em Stiglitz, por exemplo, conforme apontamos em outra parte.

refere-se à experimentação e inovação realizadas pelos próprios agricultores, uma capacidade que é fortemente enfatizada na literatura recente. (Ellis, 1992, p.220)

Ellis (1992, cap. 10) rastreia o surgimento de cinco modelos alternativos ou abordagens relativas à oferta e à demanda de inovações agrícolas nos países em desenvolvimento: transferência de tecnologia; transferência de tecnologia adaptável; pesquisa de sistemas agrícolas (PSA); pesquisa "agricultores em primeiro lugar" (PAP); e múltiplas fontes de inovação.

A abordagem aqui nomeada "transferência de tecnologia" refletia, segundo Ellis, uma visão de mundo limitada, ao mesmo tempo otimista e etnocêntrica, crente em uma transformação de baixo para cima. Ele resume as idéias-chave dessa visão de mundo: 1) o mais moderno é o melhor; (ii) há no mundo fronteira única de conhecimento científico; (iii) a tecnologia agrícola pode ser transferida independentemente de condições ecológicas locais; e (iv) agricultores de países pobres são tradicionais e devem sofrer transformação quantitativa para se tornar agricultores modernos (Ellis, 1992, p.226).

E acrescenta que "a transferência de tratores com tração nas quatro rodas para países em desenvolvimento nos anos 1960 exemplifica este modelo".

Desencantos com insucessos de tal posicionamento teriam levado à segunda abordagem, a da "transferência de tecnologia adaptada" ou "adaptável", predominante na década de 1970 e começo da de 1980. Ela buscava basicamente identificar e reduzir as causas da fraca adoção das receitas tidas como positivas pelos formuladores.

Os modelos seguintes (PSA e PAP) refletem uma busca de interação maior entre "criadores" e utilizadores do conhecimento (cientistas e agricultores), até mesmo com a redução dessa distinção (os "criadores" passam a considerar amplamente o conhecimento produzido pelos "utilizadores"). Parece útil resumir a lista de características dos dois sistemas, tal como aparecem no texto de Ellis (cap. 10):

Pesquisa de "sistemas agrícolas" (*farming systems research*). A PSA (a) é direcionada para o agricultor; (b) é direcionada para os sistemas; (c) é solução de problemas; (d) é multidisciplinar; (e) envolve pesquisa no campo; (f) fornece informação dos agricultores; (g) é complementar em relação à pesquisa principal, não a substitui; e (h) é repetitiva e dinâmica.

Pesquisa "agricultores em primeiro lugar" (*farmers first*). A PAP (a) é dirigida a agricultores com poucos recursos; (b) enfatiza o conhecimento técnico nativo de agricultores com poucos recursos; (c) enfatiza a capacidade inovadora e experimental de agricultores com poucos recursos; (d) tem múltiplos pontos de entrada e saída; (e) coloca os agricultores no controle; e (f) envolve troca de papéis.

A consideração desse tópico é absolutamente indispensável no traçado de uma política de desenvolvimento agrário. E, mais ainda, na definição de um projeto de desenvolvimento nacional que a inclua. Nesse sentido, vale levar em conta, também, dois comentários de um antigo estudioso do campo, Vernon Ruttan. Um deles diz respeito à necessidade de pesquisa e ensino que sejam implantados no nível local e suficientemente capilarizados para desenvolver o plano local:

> a experiência confirmou que fortes centros nacionais de pesquisa eram essenciais se o protótipo de tecnologia que poderia ser desenvolvido nos centros internacionais fosse ser amplamente transferido, adaptado e disponibilizado para os produtores locais. A natureza específica da tecnologia biológica significava que os protótipos de tecnologia desenvolvidos nos centros internacionais poderiam ser disponibilizados para os produtores no amplo espectro de regiões agroclimáticas e ambientes econômicos e sociais nos quais as mercadorias estavam sendo produzidas apenas se a capacidade local ou regional de modificar, adaptar e reinventar a tecnologia estivesse disponível. Tornou-se claro que o desafio de construir um sistema de pesquisa agrícola global capaz de sustentar o crescimento na produção agrícola exigia o desenvolvimento de capacidade de pesquisa para cada mercadoria de importância econômica em cada região agroclimática. (Ruttan, 2001, p.218)

Na opinião de Ruttan, essa consideração, relativa à pesquisa, deve ser combinada com a política de educação do país:

> Há uma forte interação sinergética entre pesquisa e educação. Esta relação é tão forte que em muitos campos, particularmente nos níveis mais avançados, a pesquisa sofre muito quando realizada separadamente da educação universitária ou da pesquisa de pós-graduação. E a educação universitária dificilmente pode ser eficiente se tanto professores quanto estudantes não estiverem envolvidos em pesquisa. Enquanto o setor público continua a levar suas fontes de pesquisa para longe do desenvolvimento tecnológico em direção à pré-tecnologia e mesmo pesquisa mais básica, novos métodos deverão ser desenvolvidos para financiar o treinamento daqueles que realizarão pesquisa e desenvolvimento sobre produção de plantas no setor privado. (Ruttan, 2001, p.213-4)

O segundo comentário volta àquilo que, há mais de cinqüenta anos, havia sido asseverado por W. A. Lewis: a pesquisa de que se fala não se limita ao campo das assim chamadas ciências naturais, mas engloba, necessariamente, o campo das relações sociais e da modelagem da ação coletiva. Afirma Ruttan:

> A mais importante lição a ser tirada da experiência histórica do desenvolvimento agrícola dos EUA e do Japão é o processo através do qual inovações *institucionais* foram desenvolvidas para facilitar as inovações *tecnológicas* necessárias para sustentar o crescimento da produtividade agrícola.
> Se o mundo falhar em fazer a transição para o crescimento sustentável na produção agrícola, o fracasso será tanto na área de inovação institucional quanto na área de mudança tecnológica. Esta não é uma conclusão otimista. Projetar instituições capazes de atingir a compatibilidade entre objetivos individuais, organizacionais e sociais permanence uma arte mais do que uma ciência. (Ruttan, 2001, p.224-5, grifos nossos)

7
DAS COALIZÕES ANTI-REFORMA

Este capítulo tenta discutir duas grandes questões: Por que as forças anti-reforma agrária são tão grandes e resistentes ao tempo? Há possibilidade de se mudar o quadro, virar o jogo?

Com base nessas questões, a nota final busca voltar ao enquadramento do desenvolvimento agrário no interior de um plano mais amplo, aquele diz respeito aos projetos nacionais em confronto no Brasil e, em grande medida, nos países do Terceiro Mundo que buscam emergir do subdesenvolvimento e do estado de subordinação em que foram postos, seja ele caracterizado como colonial, neocolonial ou neoliberal.

POR QUE AS FORÇAS ANTI-REFORMA AGRÁRIA SÃO TÃO GRANDES E RESISTENTES AO TEMPO?

Alinhemos de início cinco respostas para essa primeira questão.

1) Porque os proprietários de terras (latifúndios improdutivos ou empreendimentos produtivos na forma de plantations, projetos pecuários ou extrativistas, minerações etc.) não se reduzem a coronéis truculentos e broncos, esfoladores de camponeses. Nem sao mais, pura e exatamente, os proprietários ausentes retratados no relatório do CIDA, quarenta anos atrás. Os proprietários ausentes são de outro tipo, como outros são os que não se ausentam, mas os representam no local.

Voltemos a algumas décadas no tempo, para ver mais de perto uma parte dos interesses urbanos que se transformaram em interesses também agrários — e, em conseqüência, engrossaram a coalizão anti-reforma. Mais especificamente, ao final da década de 1960, quando a Câmara Federal constituiu uma Comissão Parlamentar de Inquérito (CPI) destinada a apurar a venda de terras a estrangeiros. O relatório da CPI, publicado como

"A venda de terras", em *A Amazônia em foco*[1], não foi redigido por um esquerdista, nem mesmo por um moderado parlamentar da oposição consentida, mas por Haroldo Veloso, um ex-militar e deputado federal pela Aliança Renovadora Nacional (Arena), o partido do governo. Partes extensas desse relatório são reproduzidas e comentadas por Octavio Ianni em *Ditadura e agricultura. O desenvolvimento do capitalismo na Amazônia (1964-1978)*. Recomenda-se a leitura. Tem-se ali o registro de uma parte (e uma pequena parte) das mudanças de propriedade e posse que foram marcando a grande mudança do Brasil, nos últimos cinqüenta anos: a contra-reforma agrária.

Pela posse e legalização — parte legal, parte fraudulenta — das terras devolutas, de compras de antigos proprietários ou posseiros ou, mesmo, da pura e simples grilagem, grandes empresas nacionais e transnacionais de origem e atividade principal urbana (indústria, mineração, comércio, serviços, finanças) tornaram-se proprietárias (e em alguns casos exploradoras) de enormes áreas de terras. Isso ocorre não apenas na "fronteira" da Amazônia e do Centro-Oeste, mas também em outros estados, não exatamente de fronteira. Os meios são variados e com diferentes graus de correção legal. Uma curiosidade lembrada por Ianni mostra o inusitado da operação de nascimento desse novo tipo de proprietário-ausente: a Associação dos Empresários da Amazônia, na década de 1970, tinha sua sede em São Paulo (foi fundada em 1968).[1]

2) Porque a atividade estritamente agropecuária — o universo interno às "porteiras" — é apenas parte dessa cadeia produtiva (agroalimentar, mas também têxtil, mobiliária etc.). E não é a parte maior, na escala do valor adicionado, nem é a parte mais dinâmica, nem, ainda, a parte politicamente mais organizada e influente. Um sinal (entre muitos) desse fenômeno aparece, de modo indireto, nas informações relativas ao acesso e à utilização do crédito rural subsidiado pelo Sistema Nacional de Cadastro Rural (SNCR): basicamente, ele criava bom mercado para produtores de insumos (químicos e mecânicos) e matérias-primas (igualmente *bon marché*) para indústrias processadoras e atacadistas.

José Graziano (1981, p.99-100) afirma que "o subsídio à aquisição de máquinas e equipamentos agrícolas é condição 'sine qua non' da sua demanda

---

[1] O primeiro presidente da entidade foi João Carlos de Souza Meireles, envolvido com os projetos de mineração de Carajás, entre outros de natureza pecuária. Meireles teve nos últimos anos uma ativa participação na política paulista. Recentemente, ex-secretário do governador Geraldo Alckmin, foi também um dos coordenadores de sua campanha à presidência. A AEM foi declarada de "utilidade pública" pela Lei nº 1.289, de 29 de abril de 1977, lei de um único artigo: "É declarada de utilidade pública a Associação dos Empresários da Amazônia, com sede em Belém, Estado do Pará e escritório na Capital de São Paulo".

efetiva", de tal modo que são os vendedores de insumos e não os agricultores os que mais reclamam quando o subsídio passa por alguma forma de restrição. Lembra Graziano um episódio até certo ponto exótico a reforçar tal conexão. Em 1979, a Associação Brasileira da Indústria de Máquinas e Equipamentos (Abimaq) (representando os produtores de equipamentos agrícolas), propôs a participação dos fabricantes nos fóruns de deliberação da política agrícola. O autor transcreve uma parte do documento que é tortuosa na lógica e na sintaxe e, ao mesmo tempo, singularmente reveladora nos fins almejados: "necessita o setor de informações sobre as perspectivas de distribuição de crédito agrícola que até agora tem sido o verdadeiro e, porque não dizer, o único fator determinante da existência ou não de mercado para seus produtos". A entidade lamenta, ainda em linguagem torturada, a "situação insustentável de inconstância de demanda originada da instabilidade do fator desencadeante de sua real existência que é o crédito rural".[2]

O fenômeno transcendeu a era gloriosa do crédito rural e, pelo menos ocasionalmente, invadiu o Programa Nacional de Fortalecimento da Agricultura Familiar (Pronaf), como indica estudo de Walter Belik:

> Existem, junto à rede bancária, várias evidências que comprovam a grande participação na tomada de crédito para os produtores dos estados do Rio Grande do Sul, Santa Catarina e, mais recentemente, Minas Gerais, como sendo resultado da interferência de empresas agroindustriais (fumo e avicultura principalmente). Há casos, inclusive, de a empresa ter tomado o crédito em nome do produtor sem mesmo o seu consentimento. (Belik, 2004, p.104)

3) Porque o modo de aplicação do programa de crédito rural (SNCR) teve pesadas conseqüências na consolidação de alianças empresariais agrário-urbanas conservadoras. Detalhado estudo de Sayad sobre o programa revelou alguns desses aspectos (que não constituíam objeto central da pesquisa do autor e, portanto, não foram por ele inteiramente explorados). Supostamente, o programa visava, entre outros objetivos, a ampliar o montante de recursos investidos na agricultura e, em especial, aqueles disponíveis para o pequeno e médio agricultor (segmento que teria mais dificuldade com crédito). O levantamento de Sayad mostra, primeiro, que os recursos do SNCR não se somam aos previamente existentes (o capital próprio dos agricultores), mas, em grande medida, os substituem. Dado o desenho do programa, o agricultor poderia, sem qualquer incorreção legal, utilizar o crédito subsidiado para "tocar" seu negócio "agro" e liberar o

---

[2] O documento transcrito é da Abimaq e foi apresentada em Brasília, em janeiro de 1979, em seminário destinado a "oferecer subsídios à formulação da política agrícola do Governo Figueiredo".

capital próprio para outras aplicações (comércio, manufatura, aplicações financeiras). E é o que efetivamente ocorre, em especial com os grandes proprietários que, precisamente, são os que absorvem a maior parte dos recursos do programa. Com base no estudo de Sayad se pode perguntar, sem qualquer deslize lógico, se, de fato, não se estatizava a atividade agropecuária, já que enorme parte dos capitais que a movia era de origem pública.

Lembre-se, ainda, que o sistema era, de fato, um instrumento de política econômica, já que empurrava os recursos emprestados para a compra de insumos modernos da infante indústria de insumos (tratores, fertilizantes), que decolou poderosamente na década de 1980. A agricultura (ou agropecuária) passava assim por uma modernização compulsória (outra marca de sua estatização de fato): a ação enérgica do Estado militar iria revolucioná-la mediante crédito rural condicionado (na letra e/ou na prática) e programas nacionais de fertilizantes, pesticidas, sementes, implantados, todos, na década de 1970. A ação estatal responde a dois grandes interesses extrafazenda e, em grande medida, mais do que reforçá-los, em alguns casos praticamente os cria a partir do quase nada. São os interesses vinculados aos setores a jusante e a montante da cadeia.

4) Porque, sobre os projetos de reforma agrária e sobre as coalizões políticas que os defendem, recai o ônus da prova: a prova de que não apenas respondem a critérios de eqüidade, mas também de eficiência. O argumento conservador tratará de atacar os projetos reformistas nessas duas dimensões: perdendo em eficiência, a reforma agrária culmina por tornar inviável eventuais intenções igualitárias (ou mesmo aquelas que tão-só reduziriam a pobreza). Desgraçadamente, a agricultura agressiva e ambientalmente suicida, roedora de subsídios e investimentos públicos, aparenta ser lucrativa e bem-sucedida no curto prazo (e desconsiderada a socialização das perdas).

5) Devemos lembrar uma última razão, nem por isso menos importante, para a força da coalizão contra-reformista. Refere-se ao modelo geral de desenvolvimento (ou de subdesenvolvimento como queria Celso Furtado) que vigorou e, em grande medida, vigora no país. É um modelo para o qual parcelas significativas da população (incluindo segmentos relevantes da população ativa) representam muito pouco como mercado e figuram, muito mais, como "custo". Segundo estudo de Maria da Conceição Tavares (1983, p.202-3), a importância de cada faixa da população para o mercado comporia o seguinte quadro:

Grupo A: se apropria do excedente que alimenta o processo de acumulação e diversificação do consumo

Grupo B1: núcleo fundamental do mercado moderno

Grupo B2: base do mercado moderno

B1 + B2: maior posição absoluta e relativa no período

Grupo C: base da extração do excedente e principal suporte do mercado tradicional. Seu poder de compra flutua com o salário-mínimo real. Grupo D: fora do mercado consumidor moderno. Uma parte de D representa a base de extração do excedente para os setores tradicionais e tem pequena participação relativa no consumo capitalista; a outra parte, cujas dimensões não se conhece, é constituída pela população marginal.

Em um modelo como esse, a reforma agrária — e a conseqüência sobre a redução da desigualdade — não é solução, é problema. Desigualdade, na propriedade e na renda, parece mais adequada ao modelo, ou seja, é tão perversa quanto ele. A única ressalva, talvez, é que precisa ser suficientemente contida em seus efeitos deletérios (o que pode ser feito com alguma política assistencial e muita polícia).

HÁ POSSIBILIDADE DE SE VIRAR O JOGO?

Em suma, ao que já dissemos sobre os dois últimos itens (4 e 5), podemos acrescentar que a reforma agrária aparece como programa inviável e indesejável, até prova em contrário. A forma como cresceu a agricultura "moderna", alegadamente eficaz e geradora de divisas, coloca na defensiva as coalizões reformistas, desafiadas a provar que não desarticularão o processo produtivo e as contas do país. É claro que modelos bem-sucedidos de reforma, até mesmo processos capitalistas baseados em pequena propriedade e *contract farming*, no leste asiático, podem ser apontados. Mas ficarão em débito, diante do sucesso da agricultura pós-revolução verde e pós-agribusiness, que parecem ter subtraído a reforma agrária da agenda do progresso.

Sabemos que o Brasil tem índices de desigualdade e pobreza tão monumentais quanto seu território. Em um país como este, a reforma agrária pode ter notável apelo como política social compensatória, de socorro à miséria absoluta. O apelo de tal política pode ser significativo a ponto de desequilibrar eleições, mesmo em condições particularmente adversas — todos pudemos perceber esse fato em tempos recentes. Mas, a mais longo prazo, devido a fatores tanto econômicos como ideológicos, é duvidoso que tais políticas possam persistir sem retrocesso.

Recolocar a reforma agrária na agenda política do país envolve muitos desafios. Em primeiro lugar, é preciso questionar a eficiência dos modelos dominantes de produção agropecuária, que só se viabilizaram e viabilizam, de fato, graças à predação do meio ambiente, à superexploração do trabalho e à absorção de privilégios fiscais e creditícios. Em segundo, é preciso enquadrar a dimensão fundiária da reforma agrária em uma política de desenvolvimento agrícola coerente e consistente. Não basta ocupar, resistir — é preciso produzir. Em terceiro, trata-se de enquadrar o próprio desenvolvimento agrário em um projeto de desenvolvimento nacional alternativo. Este não precisa ser, necessariamente, o que Hayami chama de *rural-based development*, mas, em um país com as dimensões do Brasil, terá de ter fortes componentes desse tipo. De fato, mais cedo ou mais tarde, o país terá de decidir se quer seguir concentrando milhões de pessoas em megacidades explosivas e ingovernáveis, cercadas de campos vazios, em que as máquinas e o gado devoram os homens.

Trata-se de decidir se queremos um modelo econômico que gera, crescentemente, enormes contingentes de seres humanos irrelevantes, vistos como "excluídos" porque sequer atingem a condição de "explorados". De saber se queremos que sejam clientes de políticas de contenção (do pão ou do cassetete) e não cidadãos de pleno direito. É uma escolha delicada e decisiva.

Se essa inevitável questão for enfrentada, a questão agrária terá de voltar à agenda, não mais como política social de contenção da miséria em níveis toleráveis, mas como política de desenvolvimento. Isso não ocorreu no governo Fernando Henrique Cardoso, nem no primeiro mandato de Luis Inácio Lula da Silva, nem se avista em seu segundo mandato. A coalizão anti-reformista e predatória continua dominante.

NOTA FINAL, PROFUNDAMENTE OPINATIVA

Em meio a mobilizações sociais no campo, os últimos quatro anos de governo recuperaram alguns elementos de um programa de reforma agrária. No quadro das relações políticas, em primeiro lugar, os movimentos sociais do campo foram reconhecidos como legítimos, deixaram de ser alvo da perseguição e repressão a que estavam condenados nos anos anteriores. Em contrapartida, um dos aspectos positivos criados com a nova administração foi a retomada da discussão de projetos reformadores do campo. Ainda assim, contudo, essa retomada foi profundamente dificultada pela crise dos projetos de desenvolvimento nacional e pela gestão reconhecidamente conservadora da política macroeconômica, com seguidos impactos negativos no mundo agrário. Feito esse enquadramento geral, cremos oportuno listar algumas avaliações quanto ao futuro da reforma agrária e aos desafios que enfrenta nesse contexto.

1) A reforma agrária — e menos ainda a reforma fundiária — não pode arcar sozinha com o peso da bandeira do progresso. O programa da reforma agrária não pode capitanear a mudança geral de uma sociedade que não é mais agrária ou camponesa; ele poderia fazer parte desse programa mais geral, mas dificilmente seria seu condutor ou

motor. Sua racionalidade — e, se pudéssemos usar um termo heterodoxo, sua "eficiência" — teria de ser demonstrada no processo mais geral de transformação social. Aí reside a segunda dificuldade: onde está esse programa mais geral?

2) Tampouco é fácil enfrentar um subtema da modernidade, a eficiência, a partir de situações específicas ou casos isolados. Isso porque levaria o debate para a microeconomia, justamente o terreno mais adverso à mudança de paradigma, porque a "eficiência" microeconômica, com muita freqüência, vive da "naturalização" de circunstâncias nada naturais, mas politicamente engendradas: processos produtivos aparentemente "milagrosos" como casos microeconômicos são, com muita freqüência, filhos ilegítimos (porque não reconhecidos) de uma eficiência política, aquela que modela as políticas de crédito, por exemplo, de modo a favorecer tais milagres.

É relativamente fácil, mas enganoso, identificar eficiência com lucratividade de curto prazo. Basta fornecer à atividade escolhida bom número de créditos e subsídios, tolerância para o uso de trabalho semi-escravo ou para degradar o meio ambiente. Passado algum tempo, os dinâmicos empresários ficam com os lucros (reinvestidos em outros lugares) e deixam à sociedade e ao Estado o custo de pagar o conserto do estrago. Como diz o vulgo: "assim, até eu".

De outro lado, transportar simplesmente o problema para o terreno da utopia não resolve a equação, já que teríamos uma contraposição entre um modelo realmente existente, e, de outro, uma construção no campo da utopia. E se for estritamente uma utopia camponesa, as possibilidades de tornar-se hegemônica na sociedade são praticamente nulas: não vivemos sequer mais em uma sociedade de memória camponesa. A história dos últimos dois séculos tem mostrado que, em situações potencialmente revolucionárias, abre-se um imenso espaço entre o realmente existente e o que ainda não existe. E, em tais situações-limite, ele é preenchido por processos de dualidade de poder e de experiências anunciadoras do novo, ou seja, por elementos de transição histórica. Essa questão parece vital para o futuro da reforma agrária. Ainda uma vez vale a pena recuperar a análise de Celso Furtado:

> Uma política de desenvolvimento não é mais do que um conjunto de diretrizes, cuja coerência deriva de um paradigma, ou seja, uma antevisão do futuro baseada em conhecimento analógico referido a situações históricas ou a modelos utópicos. Na elaboração desse paradigma podem entrar elementos derivados de uma idealização do passado ou da cópia de sociedades contemporâneas. A esses elementos correntemente se adicionam ingredientes utópicos — no sentido de ainda não existentes na realidade — que cristalizam aspirações de grupos sociais com peso no processo político. (Furtado, 1982, p.58)

3) Para ter algum futuro (e é preciso que tenha), a reforma agrária necessita ser incorporada — nos conteúdos programáticos e nos sujeitos sociopolíticos envolvidos — em um campo muito mais amplo, um projeto alternativo de país, um modo de viver alternativo, crível e sustentável. Esse é o terreno da opinião organizada, ou da opinião pública, ou seja, da opinião que se publica. Se o "novo príncipe" perde a batalha da comunicação, perde também a da produção. A reforma da propriedade fundiária tem de andar de mãos dadas com a "reforma do ar", a redistribuição de outro ativo, tão concentrado quanto a terra: os meios de comunicação. O governo Lula, no primeiro mandato, pagou caro por não ter dado a devida atenção a esse campo.

4) É possível admitir, mesmo que com surpresa, a emergência de um novo protagonismo agrário.[3] Real, palpável e auspicioso – não nos deve fazer esquecer de seus limites, que se tornam mais claros, precisamente, quando visualizam o gigantesco desafio das transformações estruturais necessárias para superar os atuais impasses. Nos países em desenvolvimento, parte enorme da população trabalhadora vive em função da agricultura, direta ou indiretamente (com o desdobramento agroindustrial). Não há como imaginar, sem vislumbrar de imediato uma hecatombe planetária, a universalização de um cenário "texano" para o mundo, com campos vazios de homens e pleno de máquinas, ao lado de megacidades com multidões órfãs, de vida precária, disponíveis para o apelo do desespero. O projeto de desenvolvimento — para esses países e, ousamos dizer, para a própria espécie humana — precisa rever e reverter tais expectativas, sob pena de produzir uma tragédia comparável à dos dinossauros.

5) O novo protagonismo agrário, em muitos casos, deu mostras de compreender tal desafio. Veja-se, por exemplo, a evolução do Movimento dos Trabalhadores Rurais Sem Terra (MST), das ocupações iniciais muitas vezes predatórias para o novo ambientalismo adotado atualmente. Ou a transformação do lema desse movimento — ocupar, resistir — para incluir o projeto de futuro (ocupar, resistir, produzir). A ampliação programática foi acompanhada de uma tentativa, mais ou menos, bem-sucedida de ampliação em suas bases de recrutamento social. Contudo, ainda assim está longe de constituir o protagonismo necessário à constituição de um novo príncipe, de um projeto hegemônico que ofereça um horizonte confiável e desejável para as amplas maiorias do país. Esse passo exige bem mais do que aquilo que temos e bem mais do que tem o novo protagonismo agrário.

6) As transformações econômicas do campo, nas últimas décadas, com competentes manobras de persuasão, conseguiram operar uma no-

---

[3] Cf. MOYO e YEROS (2005).

tável obra de prestidigitação ideológica. A grande propriedade — "plantation" ou latifúndio — deixou de carregar a pecha da ineficiência e do atraso, lançando-a sobre a reforma agrária e a agricultura familiar. Sabemos que esse é um acúmulo de aparências enganosas. Enganosas, mas firmemente estabelecidas nas crenças populares, constituindo, desse modo, obstáculo ideológico para qualquer programa reformador. Volta-se aqui ao tema fervente e decisivo da opinião, mencionado no ponto 3.

7) O novo protagonismo agrário não pode — nos conteúdos programáticos e na consolidação de apoios militantes — limitar-se à política fundiária, agrícola ou agrária. Recolocar na agenda do país a reforma agrária, tarefa difícil, não impossível, exige essa ampliação de horizontes. O modelo de reforma agrária centrado no fator distributivo da propriedade mostrou-se em vários casos insuficiente. E essa questão é difícil porque não se resolve apenas pelo lado quantitativo ou de seu caráter massivo: o quadro não muda necessariamente de qualidade com a distribuição de *muita* terra para muita gente. Se, por óbvio, a ausência desse elemento dificulta a formação de um modelo completo, é também claro que há outras dimensões essenciais de um processo de reforma agrária. Além da sustentabilidade produtiva (e ambiental), há que se preocupar com a construção de formas institucionais que permitam a permanência da reforma e a sua evolução.[4]

8) Na experiência brasileira há uma dificuldade adicional, que pode ser incluída no arrazoado anterior, mas que parece guardar certa especificidade. Refere-se à dificuldade de uma resolução estratégica entre expansão da distribuição de terras e a indefinição de um projeto produtivo para as áreas reformadas. A distância entre os dois momentos ainda é grande. Isso reforça o problema geral apontado. Não há como não voltar, para explicar essa defasagem estrutural, à idéia predominante na Cepal, ou nos seus principais autores, de que a estrutura agrária é o determinante do atraso, o que implica uma visão linear sobre reforma agrária e desenvolvimento. E, por decorrência, uma secundarização dos processos produtivos pós-distribuiçao de terras.

9) A construção de uma hipótese de transformação na contra-corrente das idéias dominantes e na contra-corrente das dinâmicas econômicas predominantes é (sempre foi) de grande dificuldade. Nossa análise e a conclusão não tergiversam sobre isso; não confundem reforma agrária com reforço da agricultura familiar (mesmo que esta pudesse ser o destino daquela), nem pretendem amenizar o sentido

---

[4] Ver a esse respeito, por exemplo, o depoimento crítico de J. Chonchol sobre o Chile, em "Reforma y Contrarreforma Agraria en Chile", Seminário de Especialistas em Reforma Agrária. Santiago de Chile, 11 e 12 de dezembro de 2006. Mimeo.

da transformação contido em uma reforma da propriedade e dos mecanismos regulatórios do desenvolvimento agrário. Muito menos pregam a "humanização" do capital... agrícola.
10) Ainda uma palavra deve ser dita com relação ao horizonte do projeto. A metáfora embutida no termo, horizonte, não nos deve cegar. Não é possível nem desejável que se tenha um radical distanciamento entre a esperança (futuro) e a vida (presente), um adiamento indefinido das recompensas. O resultado provável desse descolamento é a revanche do medo sobre a esperança. A política de conquistas parciais efetivas, palpáveis, é indispensável para tornar viável apoios firmes, racionais, laicos (não messiânicos). Para quem opera constantemente no terreno das idéias — intelectuais, reformadores, utopistas — é grande a tentação de esquecer essas imposições da vida prática, da dura vida cotidiana das massas. Temos demasiada propensão a adotar o lema de que "tudo vale a pena se a alma não é pequena". Mas ocorre que, no mundo demasiado humano que habitamos, a alma precisa de um corpo para se alojar. O corpo necessita sustentar os vôos da alma. E o mundo que existe aqui e agora, não em um futuro radioso, apequena as almas, algemando os corpos na necessidade e na carência. Em um mundo que apequena as almas, nem tudo vale a pena — é preciso selecionar e estabelecer prioridades.

Temos de ter um programa realista para o presente, para corpos carentes e almas apequenadas — se quisermos dar a elas uma chance de crescer. A dialética das conquistas parciais é um segredo que os reformadores têm de apreender, se não quiserem, ao fim e ao cabo, o fado de falar apenas para si mesmos, como Cassandra. Cassandras não salvam Tróias.

Parte II

Experiências internacionais relevantes

Apresentação:
Por que a Ásia Oriental?

Os estudos que vêm a seguir tentam registrar, de modo detalhado, mas seletivo, os experimentos de reforma agrária e desenvolvimento agrário de países do leste asiático. Examinamos cada um desses casos partindo de algumas perguntas básicas que nos ajudavam na seguinte intenção: falar dos outros de modo a iluminar nossos próprios problemas.

Bem, por que esses países? A resposta talvez seja sugerida por um argumento de Cristóval Kay. Ele compara os diferentes momentos em que a demanda por reforma agrária apareceu, com força e vigor, impondo rupturas na cena política, na história dos asiáticos e dos latino-americanos. Segundo Kay, na América Latina isso se deu com o aparecimento de limites e efeitos indesejados no processo de industrialização substitutiva de importações e da monumental urbanização que a acompanhou. No leste asiático, porém, a reforma agrária *precedeu* essa industrialização e, de modo muito claro, a condicionou, criando suas pré-condições e modelando seu formato (Kay, 2002).

Já na década de 1980, circulava com alguma fluência essa contraposição — um modelo asiático, virtuoso e progressivo, *versus* um modelo latino-americano, viciado e estagnante. Em 1982, porém, um livro pioneiro de Fernando Fajnzylber contestava essas lições apressadas, mostrando como a Ásia que se exibia não era exatamente aquela que existira e existia. E, além disso, apontava que era necessário investigar se e como era razoável transpor lições em contextos tão diferentes. Durante aquela década, muito marcada pela predominância de visões liberais e neoclássicas difundidas por organizações multilaterais (FMI, Banco Mundial), alguns estudos monográficos, contra a maré, dedicaram-se a evidenciar a experiência destoante dos "novos tigres". Sugeriam, paulatinamente, uma teoria do "Estado desenvolvimentista". Chalmers Johnson (Japão), Alice Amsden (Coréia), Robert Wade (Taiwan) foram alguns deles. No início da década de 1990, os representantes japoneses no Banco Mundial exigiram que a instituição reconsiderasse suas lições, cobrando um estudo mais específico sobre os milagres asiáticos. O relatório, publicado em 1993, acabou por trazer uma solução de compromisso entre as duas visões: admitia o peso da intervenção estatal naqueles processos, mas qualificava essa interferência como algo que, em vez de se opor ao mercado, abafando-o, escolhia caminhos "amistosos com o mercado", favorecendo suas operações.

De qualquer modo, interessa-nos sublinhar um aspecto desses estudos sobre os processos da Ásia oriental. Eles mostram quanto a reforma agrária foi relevante não apenas do ponto de vista estrita e imediatamente econômico, mas, também, quanto às pré-condições sociais e políticas para esse crescimento. Alterando a correlação de forças na sociedade, reduzindo terrivelmente a capacidade das antigas oligarquias, ela *contribuiu* enormemente para dar aos governos locais a autonomia de ação que era indispensável para uma política de desenvolvimento de longo prazo. Além disso, criou padrões de distribuição da propriedade que diminuiriam, de modo progressivo, as desigualdades de renda. Ampliava oportunidades no campo e moderava impactos esperáveis do crescimento industrial e da urbanização. Menos desigualdade e insegurança social, mais estabilidade política, mais independência para os planejadores dos novos governos. Esses são alguns dos elementos que aí se destacam.

Esta apresentação não tem evidentemente o objetivo de discorrer sobre o *developmental state* dos asiáticos nem sobre sua peculiar experiência. Visa apenas a chamar atenção sobre a relevância da questão agrária no início e no fundamento dessa "decolagem". Ao mesmo tempo, observar com cuidado que essas pedagógicas experiências não nos deve levar a transposições mecânicas e anti-históricas, que ignoram as circunstâncias especiais em que ocorreram. A esse respeito, para concluir esta apresentação, vale a pena citar uma passagem de Alice Amsden:

> A geopolítica e a história econômica de Taiwan foram muito afetadas pela confluência de circunstâncias não usuais, de tal modo que elas marcam essa economia insular como um caso especial. Não tem sentido, portanto, tomar Taiwan como um exemplo de desenvolvimento capitalista a ser seguido por outros países pobres.
>
> Aquilo que claramente distingue Taiwan de outras economias do Terceiro Mundo são os avanços científicos na agricultura, sob o imperialismo japonês e com o posterior sucesso da reforma agrária de 1953. Esta reforma ajudou a reconciliar, com vantagem, os efeitos das manufaturas exportadoras intensivas em trabalho. Ainda assim, somos fortemente levados a sugerir que em outros países do Terceiro Mundo a reforma agrária tem pouca probabilidade de se materializar exceto sob condições revolucionárias. A reforma agrária de Taiwan foi desenhada a partir de fora, pelo Kuomintang, em aliança com os norte-americanos. A aristocracia fundiária taiwanesa podia ser expropriada porque os norte-americanos e os chineses continentais migrados não tinham com ela qualquer compromisso. Era improvável a repetição desta situação tão incomum. (Amsden,1988, p.172-3)

Reginaldo Moraes

1
O caso do Japão

INTRODUÇÃO

A história da agricultura tem início no Japão por volta do século III a.C., com a chegada da agricultura sedentária, baseada nas técnicas de cultivo do arroz, trazida pelo influxo de migrantes da Ásia continental. Nos séculos que se seguiram, os sistemas de cultivo se desenvolveram em níveis mais elevados de sofisticação técnica para se adaptar às condições climáticas e geográficas das várias partes do país. O arroz *paddy*, passível de ser cultivado o ano inteiro e capaz, portanto, de suportar densa população em uma área limitada, era cultivado onde fosse possível, mas dependia da oferta confiável de água de irrigação.

No Japão, onde a estação chuvosa anual não é comparável a uma verdadeira monção, e onde os rios são, na maioria, muito curtos e rápidos para produzir as grandes planícies alagadas, características de outras partes da Ásia, a construção de estruturas para a estocagem e a distribuição controlada de água eram uma pré-condição para o cultivo do arroz. Logo, a difusão do cultivo teve, em geral, de ser precedida por um pesado investimento de trabalho e recursos por parte dos agricultores, não apenas para a limpeza do terreno, mas também para a construção de represas, reservatórios e sistemas de canais de irrigação. O cultivo em terras secas de outros grãos, vagens, frutas, vegetais e colheitas industriais (algodão, por exemplo) também foi praticado tanto em regiões nas quais o arroz *paddy* não podia ser cultivado quanto em lugares de terras altas que não podiam ser irrigadas. A criação de animais era rara, já que inadequada ao ambiente úmido e montanhoso do país.

A construção inicial e a subseqüente manutenção das estruturas de irrigação requeriam a cooperação de várias famílias, às vezes sob a direção de senhores feudais ou comerciantes investidores, mas a terra preparada era, em geral, cultivada diariamente por famílias individuais.

No período Tokugawa, os limites à difusão geográfica do cultivo já tinham sido atingidos em diversas partes do país, em especial nas regiões mais densamente povoadas do sudoeste japonês, onde as condições climáticas eram mais favoráveis. O imposto sobre a produção agrícola era a fonte de sobrevivência da classe governante e a riqueza e o poder de um senhor dependiam do tamanho e da produtividade das terras que controlava. Quando suas despesas cresceram com a comercialização e o desenvolvimento da economia, os administradores feudais foram levados a tentar extrair mais das áreas agrícolas sob seu controle, tanto mediante impostos mais altos quanto pelo encorajamento de aumentos na produção, ao passo que os povoados por sua vez buscaram evadir tais imposições e diversificar suas atividades.

Esta é, em resumo, a base agrícola sobre a qual o governo Meiji teve de construir seu programa de desenvolvimento. Com a abolição dos direitos de impostos e outros privilégios da classe samurai e de senhores feudais, a Reforma do Imposto sobre as Terras, iniciada em 1873, colocou nas mãos do novo Estado Meiji a renda agrícola anteriormente usada para apoiar a classe superior de não agricultores feudais. Além disso, embora a Reforma tenha, de modo geral, dado o título da terra ao cultivador, deixando assim a maioria da área cultivável nas mãos de proprietários agricultores de pequena escala, a subseqüente difusão das relações de mercado no campo — em parte resultante da conversão dos impostos feudais em impostos pagos em dinheiro — intensificaram a tendência, já observável no período Tokugawa nas áreas mais avançadas, em direção ao crescimento do arrendamento. Desse modo, uma classe proprietária-arrendadora bastante discernível também começou a emergir, com controle sobre uma parte do "excedente agrícola" e representando um potencial mecanismo de transferência de recursos de investimento para a indústria.

A HERANÇA TOKUGAWA

Quando, no início do século XVII, os exércitos de Tokugawa Ieyasu (1542-1616) puseram fim a um século de guerra feudal, o Japão entrou em um longo período de paz e prosperidade rural. As transformações políticas ocorridas entre o final do século XVI e início do século XVII promoveram impressionante crescimento e desenvolvimento socioeconômicos decorrentes da paz, por um lado, e promotores da paz, por outro. Entre os diversos aspectos dignos de nota, pode-se mencionar o crescimento populacional, as melhorias no transporte e no comércio, e avanços na tecnologia material e na organização comercial.

A Era Tokugawa, que vai de 1603 até a Restauração Meiji de 1868, instituiu uma forma única de governo feudal em que o governo militar da

As cidades cercam os campos

família Tokugawa (*bakufu*) agia como senhor feudal supremo, sob o qual cerca de 250 feudos exerciam hegemonia regional. Embora essa forma de governo tenha sido uma grande inovação, a mudança da capital de Kyoto para Edo (hoje Tóquio), no coração das terras mais ricas do país, também reafirmou uma série de práticas e tradições históricas que afetaram o desenvolvimento do pensamento das pessoas sobre a agricultura.

Primeiro, riqueza em terra tornou-se o fundamento econômico do governo. A família Tokugawa controlava cerca de um quinto da área produtiva no Japão, suficiente para dar conta da maioria das despesas de governo, ao passo que os rivais anteriores de *Ieyasu* na área da antiga capital (Kyoto) tinham dependido de modo considerável do comércio para sua renda. Segundo, o poder retornou para o leste, uma fortaleza de crenças xintoístas tradicionais e pró-terra em comparação com o oeste japonês, onde influências cristãs e budistas eram fortes. Terceiro, a capital política foi mais uma vez situada em uma região com padrões de hierarquia social muito definidos, enquanto o distrito oeste, da capital anterior, já era nessa época algo mais igualitário. Por último e mais importante, a mudança para o leste veio, com o tempo, a significar uma mudança na economia política da promoção do comércio internacional, que florescera no século XVI, para o encorajamento do isolamento diplomático, a contenção do comércio e a promoção da produção agrícola.

Tais tendências não compreendiam, evidentemente, um pensamento único e homogêneo ao longo dos mais de dois séculos e meio de governo Tokugawa, e de fato houve grande crescimento econômico. Mas, em grande medida, a atitude favorável do governo para com a agricultura permaneceu como a visão oficial prevalecente sobre a economia até que a esquadra do comandante Mathew Perry chegou à baía Uraga, em 1853, expondo o Japão à órbita do liberalismo econômico do Ocidente do século XIX.

Uma das razões para a predileção Tokugawa pela agricultura era o fato de que muitos conselheiros do governo militar eram adeptos de uma escola confucionista ortodoxa que tinha uma visão agrária da riqueza nacional. Outro fator importante seria a necessidade de sustentar a agricultura, por parte de um regime abundantemente provido de terras, ansioso por maximizar sua própria renda enquanto privava seus rivais de potenciais novas fontes de riqueza. Desse modo, a maioria dos servidores Tokugawa aceitava plácidas visões confucionistas que glorificavam a agricultura e resistiam à comercialização, fosse por convicção intelectual, fosse por instinto de sobrevivência.

Um terceiro fator que merece consideração é que o Estado exaltava a agricultura preocupado com a estabilidade social. Para pôr fim a décadas de mudanças sociais turbulentas e por vezes violentas, o governo militar classificou o público em quatro grandes grupos: samurais, agricultores, artesãos e comerciantes. Com isso, parecia querer estabelecer a classe guerreira como uma elite distinta, dado que era a classe samurai a base de poder do regime. E a esse fator se associa uma última razão para a promoção da agricultura: ela era a base econômica de um exército sólido. Intelectuais do governo fizeram grandes esforços para encorajar cada membro da sociedade a levar um estilo de vida adequado a seu *status* em um reconhecimento não só da necessidade de manter as linhas de classe em um sistema político feudal baseado na agricultura, mas também de que o destino do guerreiro estava atado àquele dos camponeses, uma vez que os agricultores pagavam os impostos que asseguravam os salários dos samurais.

Embora uma sólida economia comercial estivesse emergindo no final do período Tokugawa, a visão oficial sobre a agricultura ao longo do período permaneceu essencialmente conservadora. O fundamentalismo agrário — uma visão positiva da sociedade baseada na agricultura de pequenos produtores — por parte não só do governo como também da sociedade japonesa, forneceu aos líderes Tokugawa um grande reservatório de sentimento pró-agrícola e, apesar de algumas divergências entre as atitudes do povo e do governo a esse respeito, as declarações do governo sobre agricultura tinham grande apelo precisamente porque esse incipiente corpo de crenças rurais era tão amplamente difundido na sociedade japonesa.

Mais tangível, no entanto, era uma segunda corrente de pensamento agrícola extra-oficial no período Tokugawa: os ensinamentos práticos de homens que promoviam melhoramentos agrícolas. Como pessoas interessadas em aumentar a prosperidade material do campo, esses "tecnologistas" não estavam preocupados com questões genéricas de política e sociedade e acreditavam que educação e melhoramentos técnicos, e não frugalidade e diligência confucionistas, produziam mais grãos. Essa corrente de pensamento atingiu seu ápice com os ensinamentos práticos e morais de Ninomiya Sontoku (1787-1856). Ninomiya e seus colegas partilhavam um compromisso com melhoramentos práticos na agricultura japonesa, mas com base em suas posições privadas, de fora do Estado, também reafirmavam a importância da exortação moral e concordavam que os cultivadores deveriam aumentar a produção e pagar seus impostos. Ninomiya agiu como um reformador na hierarquia feudal sem representar qualquer ameaça direta à base econômica do governo Tokugawa, e seus sucessos como tecnologista foram tão notórios que o Estado finalmente colocou-o em um cargo oficial.

O movimento *Hōtoku* (Virtude da Retribuição/"repaying virtue") fundado por seus seguidores foi tanto um ímã quanto um órgão de agrarianismo popular depois da Restauração Meiji. A tradição Ninomiya tornou-se uma corrente central ligando várias linhas de pensamento agrário, oficial e extra-oficial, moral e prático, feudal e moderno, enquanto o Japão mudou gradualmente de uma economia rural para o capitalismo industrial. Seus ensinamentos enfatizavam a importância do auto-aprimoramento na estável estrutura social e administrativa do Japão Tokugawa:

embora encorajasse algum grau de industrialização, ele afirmava de modo vigoroso que a agricultura era a mais importante vocação.

Tais diferentes escolas de pensamento não extinguem as opções ideológicas existentes durante o intelectualmente rico período Tokugawa, mas indicam de forma clara a contínua proeminência das considerações sobre a agricultura durante o fim da era feudal no Japão.

A TRANSIÇÃO DE UMA ECONOMIA RURAL PARA O CAPITALISMO INDUSTRIAL

Embora os acontecimentos de 1868 tenham constituído nada mais do que uma mudança de poder na classe governante, o processo mais amplo conhecido como Restauração Meiji pôs um fim ao predomínio da classe guerreira e substituiu a estrutura descentralizada do antigo feudalismo moderno por um Estado central sob a égide do soberano tradicional, agora transformado em um monarca moderno. Os líderes da Restauração deram passos vigorosos para construir o poder nacional sob instituições capitalistas e rapidamente impulsionaram o país no caminho do poder mundial e regional.

A crise política do Japão da década de 1860 foi precedida por sérias dificuldades internas e perigo externo. As dificuldades internas do regime vieram à luz entre as décadas de 1830 e 1840, em que o Japão foi devastado por colheitas malsucedidas que causaram períodos devastadores de fome nas áreas central e norte. Combinada à ineficiência e à indiferença do governo, essa situação encorajou a resistência popular, dando início a uma série de revoltas.

A crise nas relações exteriores que se seguiu a esse período de revoltas internas vinha se desenvolvendo já há algumas décadas, precipitada pelo surgimento de um incipiente imperialismo industrial na forma de exploradores, aventureiros, caçadores de baleias, comerciantes, missionários e construtores de impérios político-militares britânicos, franceses, russos e norte-americanos.

No início do século XVII, comerciantes ingleses e holandeses já tinham postos comerciais no Japão, mas problemas de fundo político-religioso envolvendo missionários ibéricos e membros do governo acabaram alterando a política de relações exteriores do governo. O cristianismo, considerado sedicioso, foi proscrito, os missionários ibéricos foram expulsos e as igrejas, demolidas. Os japoneses foram proibidos de deixar o país, os portugueses, de aportar no Japão, e os residentes chineses e holandeses restritos a locais específicos. Mas não foi até por volta dos anos 1800 que os líderes do governo, gradualmente e com hesitação, desenvolveram uma política de rejeitar demandas estrangeiras por comércio.

O caso do Japão

A derrota da China na Guerra do Ópio de 1838-42 trouxe uma crescente consciência sobre o perigo estrangeiro para um público maior e um consenso foi gerado em torno da idéia de que manter a política de isolamento dependia da construção de defesas costeiras adequadas. Mas enquanto se buscavam os recursos para o fortalecimento das defesas, a arte da guerra estava sendo transformada por mudanças tecnológicas na Europa e nos Estados Unidos e nenhum real avanço havia sido obtido nesse sentido até a chegada da esquadra do comandante norte-americano Mathew C. Perry ao Japão, em 1853.

Embora, ao custo de muito debate, os diplomatas japoneses decidissem aceitar as demandas de Perry na esperança de revogar o acordo quando suas defesas estivessem adequadamente preparadas, isso nunca aconteceu. A "Convenção Geral de Paz e Amizade" assinada entre Perry e negociadores do governo em 1854 abriu dois portos a navios estrangeiros necessitados de provisões ou de um porto seguro, assegurando tratamento seguro a sobreviventes de naufrágios e concedendo aos norte-americanos, *a priori*, qualquer concessão que outros governos pudessem obter no futuro, além da autorização para a abertura posterior de um escritório consular.

A Convenção de Perry foi rapidamente seguida por tratados similares com a Grã-Bretanha e a Rússia e, em 1857-58, negociadores estrangeiros no Japão e o cônsul-geral norte-americano, Townsend Harris, conseguiram extrair do governo um "Tratado de Amizade e Comércio" muito mais amplo, pelo qual eram abertos ao comércio mais três portos, agentes consulares e diplomatas eram designados no Japão, os privilégios de viagem dos norte-americanos ao Japão eram estendidos e lhes era permitido praticar sua religião, além da concessão de imunidade perante a lei japonesa ("extraterritorialidade"). Tais concessões foram logo garantidas também por governos europeus e, durante a década de 1860, pressões adicionais levaram o regime a ceder a mais demandas estrangeiras, gradualmente apagando os resquícios da política externa restritiva que havia emergido no governo Tokugawa.

Embaixadores foram enviados aos Estados Unidos em 1860 para ratificar o Tratado de Harris e, ao longo daquela década, o governo japonês enviou uma série de missões ao Ocidente. Em 1866 foi estabelecida uma convenção tarifária que removeu todas as restrições ao comércio em portos japoneses, à compra de navios estrangeiros, ao emprego de mão-de-obra estrangeira e à viagem de japoneses ao exterior. Já no final da década, vários domínios importantes estavam enviando estudantes para o exterior e o próprio shogunato enviara à Alemanha estudantes que, quando voltaram, foram encarregados de projetar uma constituição moderna para o regime.

O impacto econômico da abertura dos portos na perturbação social já existente foi brutal, envolvendo desde o crescimento de despesas militares, com conseqüências fiscais previsíveis, até a inflação e a desvalorização da moeda.

AS REFORMAS DA ERA MEIJI

Em 1868, uma pequena oligarquia de samurais do oeste do Japão derrubou o governo Tokugawa em um golpe quase sem sangue e "restaurou" a autoridade do adolescente imperador Meiji, pondo um fim a oitocentos anos de regime feudal. Apesar do uso político da palavra "restauração", as inovações da Era Meiji passaram a ser vistas mais como uma revolução. Iniciadas nos anos 1870 e atingindo campos tão diversos quanto a lei, a administração, a educação, as questões militares e a economia, entre outros setores, essas reformas visavam a conduzir a economia japonesa, sob ativa assistência do Estado, na direção do objetivo nacional de enriquecer o país e fortalecer o Exército. Assim como em muitos países em desenvolvimento, a política econômica se transformou em um instrumento confiável de integração nacional e desenvolvimento político, de modo a permitir ao Japão competir com sucesso em um mundo de Estados ricos e poderosos.

A oligarquia Meiji sabia que a industrialização era o principal caminho para a riqueza nacional, mas também compreendia que uma economia majoritariamente rural, com 80% da força de trabalho empregada na agricultura, não poderia ser convertida à industrialização de um dia para o outro. Como planejadores de Estado, os oligarcas perceberam que a produção agrícola estabelecia os limites para o crescimento industrial, alimentando a população urbana em expansão, criando capital de investimento, fornecendo matéria-prima para a manufatura e, idealmente, fornecendo um excedente para exportação que captaria moeda estrangeira com a qual o Estado poderia importar bens de capital para lançar novas empresas.

Desse modo, com encorajamento do governo, a produção agrícola cresceu quase ininterruptamente de 1870 até a depressão rural de 1920 e é interessante notar que esse grande aumento ocorreu apesar de uma média quase constante no tamanho das propriedades (cerca de um hectare) e da força de trabalho rural. Apesar de o crescimento populacional no campo nesse período ter sido relativamente alto, a economia urbana expandiu rápido o suficiente para absorver trabalhadores rurais desnecessários sem que houvesse déficits ou excessos notáveis em nenhum dos dois setores até a década de 1920. Ao mesmo tempo, o crescimento agrícola era forte o suficiente para permitir crescimentos ainda mais espetaculares na produção industrial. Nesse período, o Japão era um exemplo incomum de país que se industrializava aumentando sua produtividade agrícola em um sistema de agricultura de pequenos produtores, sem grandes reduções na população rural ou os deslocamentos da vida no campo que poderiam ter acompanhado migrações em massa para as cidades.

Durante a década de 1870, o governo promoveu uma série de inovações institucionais e tecnológicas que tiveram importante impacto de longo prazo: esquemas de melhoria da terra, melhor irrigação e drenagem, uso mais racional do solo, sementes melhoradas e mais fertilizantes, entre outros, foram acrescidos de grandes revisões no sistema de imposto e propriedade da terra. A lei de imposto fundiário de 1873 fixou o imposto em um pagamento anual em dinheiro de 3%, baseado no preço da terra, e concedeu a propriedade legal aos posseiros que a tinham ocupado sob regulamentação feudal, permitindo, a partir dessa data, sua livre compra e venda. Levantamentos do governo que acompanharam a nova lei "descobriram" tantas novas terras anteriormente não registradas que a base fiscal cresceu cerca de 48%. O efeito da nova lei de imposto foi reconhecer legalmente uma grande classe de proprietários (muitos deles cultivadores insignificantes), um considerável grupo de proprietários-arrendatários e uma classe menor de arrendatários, numa proporção respectiva e aproximada de 45, 35 e 20%.

Do ponto de vista dos planejadores de Estado, o novo sistema de imposto tinha méritos evidentes, pois ele não só permitia um orçamento anual, já que as obrigações eram fixadas independentemente da produção, como também criava um mecanismo nacional de acumulação de renda para as despesas do governo e subsídios industriais. Ao legalizar terras anteriormente não taxadas, a nova lei trazia o benefício adicional de reduzir potenciais perturbações sociais, uma vez que as obrigações fiscais incidiam de modo mais equânime sobre a população. Mas como as rendas continuavam a ser pagas em produto (cerca de metade da colheita), o novo esquema beneficiou mais aos proprietários e menos aos arrendatários, pois, como a pressão demográfica sobre a terra permaneceu relativamente forte ao longo da Era Meiji, as rendas também se mantiveram elevadas, ao passo que as obrigações fiscais dos proprietários eram fixadas em dinheiro e algo menores do que antes, graças à base fiscal mais ampla.

Aqui encontra-se a raiz dos problemas rurais no Japão do século XX. Em uma época inflacionária, tanto arrendatários quanto proprietários podiam obter preços favoráveis para as colheitas que comercializavam direta ou indiretamente, mas o valor da renda paga pelos arrendatários também subia ao passo que os impostos dos proprietários se elevavam de modo muito mais lento. Desse modo, era em geral vantajoso para o proprietário arrendar terras excedentes, não só por causa das altas rendas obtidas com o arrendamento, mas também porque seria caro contratar a mão-de-obra requerida pelo cultivo intensivo do arroz, caso o proprietário quisesse cultivar a terra ele mesmo.

A tendência para o arrendamento acelerou-se na década de 1880 como resultado das rígidas medidas deflacionárias tomadas pela oligarquia em 1881. Os custos de derrotar os samurais insurgentes, bem como de superar outros problemas da década de 1870, tinham sobrecarregado de modo severo tesouro público, precipitando forte erosão no valor do dinheiro e ameaçando o governo com um desastre financeiro. Para controlar a situação, o ministro das Finanças iniciou uma rigorosa política de contenção que incluiu a venda de fábricas piloto do governo, o corte de gastos governamentais, o aumento dos impostos e o estrito controle sobre o sistema bancário e o suprimento de moeda.

Os preços do arroz caíram rapidamente pela metade e, com isso, dobrou a proporção da renda dos proprietários a ser paga na forma de impostos. Muitos pequenos proprietários acabaram contraindo dívidas para pagar seus impostos e um grande número de agricultores proprietários acabou se tornando arrendatário ao perder suas terras para grandes proprietários e comerciantes especuladores das cidades. As mudanças dos anos 1880 tiveram efeitos duradouros: concentração da propriedade fundiária em poucas mãos, proprietários ausentes na década de 1890 e uma espiral de dívidas que tornava difícil escapar da condição de arrendatário. À época da Primeira Guerra Mundial, a proporção da terra arrendada tinha estabilizado por volta dos 46%, onde permaneceu até a ocupação norte-americana e a reforma agrária de 1946.

Por volta de 1888-92, apesar de duas décadas de estímulo à industrialização, o governo ainda obtinha 85,6% de sua renda fiscal do imposto sobre a terra. Vinte anos e duas guerras depois (Sino-japonesa, 1894-95 e Russo-japonesa 1904-05), o imposto sobre a terra contabilizava apenas 42,9% da renda fiscal total do Estado, apesar de o valor absoluto do imposto ter dobrado no período. A agricultura era claramente crucial para a solvência do governo até a metade da década de 1890, mas, depois disso, novos impostos sobre novas fontes de renda surgiram rapidamente ao mesmo tempo que a industrialização se disseminava. Isso criou uma situação difícil na qual as obrigações fiscais reais dos proprietários para com o governo estavam se tornando mais pesadas, ao passo que o Estado dependia cada vez menos completamente da agricultura do que no início da Era Meiji. Grande parte das perturbações rurais que aconteceram depois de 1900 pode ser atribuída a essas mudanças na relação entre contribuintes e o Estado.

A POLÍTICA AGRÁRIA DA ERA MEIJI

Quando o governo Meiji decidiu elevar tanto a produção industrial quanto a agrícola na década de 1870, a intenção era claramente moderna e nacionalista: a produção agrícola tinha de ser incrementada para criar um país rico e um povo forte e não mais por ser uma virtude em si mesma (como no regime Tokugawa). Para tanto, o Estado introduziu rapidamente melhoramentos técnicos e educação agrícola.

A primeira agência oficial de política agrária foi o Escritório para Encorajar a Agricultura, criado no Ministério de Negócios Públicos, em 1870. Depois de muitas mudanças, essa unidade ressurgiu como o novo Ministério da Agricultura e do Comércio, em 1880. As políticas da agência foram projetadas em parte com base no relatório da missão Iwakura aos Estados Unidos e à Europa de 1872-73, que concluiu que:

1) o desenvolvimento agrícola variava entre os países ocidentais, mas todos eram mais avançados que o Japão;
2) o crescimento agrícola requeria educação e experimentação; e
3) a ciência e as técnicas agrícolas eram mais bem difundidas mediante escolas e faculdades, como as fundadas pela Lei Morril de Concessão de Terras de 1862 nos Estados Unidos.

Em 1877, o governo estabeleceu estações experimentais em todo o Japão para demonstrar técnicas, produtos e maquinário ocidentais e abriu uma série de escolas agrícolas. Como em muitos outros programas do governo nos anos 1870, conselheiros estrangeiros foram contratados para acelerar as melhorias agrícolas. Todos esses esforços demandaram muitos anos para surtir todo seu efeito, e seu papel na melhoria da produtividade deve ser considerado contra muitos outros fatores que estimularam a produção, pois, amarrado por muitos outros pesados compromissos orçamentários, o regime Meiji investiu relativamente pouco em educação técnica rural e obras públicas nos anos anteriores à Guerra Sino-japonesa.

Mais emblemático da visão do início da Era Meiji, de que a agricultura deveria servir à política econômica nacional, era o entusiasmo de alguns líderes de governo pela agricultura comercial de grande escala. Conscientes de que a consolidação da terra e grandes propriedades tinham causado elevados aumentos de produtividade em países ocidentais, alguns líderes queriam implementar a mecanização e a agricultura extensiva onde quer que isso fosse possível. Embora suas tentativas de implementar grandes fazendas tenham obtido algum sucesso em uns poucos distritos, havia obstáculos para a agricultura de grande escala: o arroz era a mais rica produção na maioria das áreas do Japão e demandava grandes quantidades de mão-de-obra; a população rural era grande demais para ser expulsa da terra como seria necessário; e havia escassez de capital e maquinário para operações de larga escala. Talvez o resultado mais salutar da doutrina de agricultura extensiva do governo tenha sido o fato de colocar mais terras sob cultivo, pois o fato é que, para grandes proprietários, arrendar a terra era mais lucrativo do que a agricultura de grande escala.

Mas a burocracia também desenvolveu um programa para promover o desenvolvimento agrícola na estrutura de pequena escala da agricultura japonesa mediante a criação de um sistema de fazendeiros veteranos itinerantes (mais tarde substituídos por agrônomos treinados) para disseminar novas técnicas por todo o campo. O governo também patrocinou a Sociedade Agrícola do Japão, formada em 1881 — uma organização semioficial baseada em grupos locais de discussão que enfatizava a experiência tanto quanto a ciência. Seu propósito declarado era trocar conhecimento e experiências agrícolas e planejar a reforma e a melhoria da agricultura.

Já em meados da década de 1880, o Estado desviara sua atenção para o trabalho no sistema de agricultura em pequena escala e começara a acomodar seu interesse anterior na educação técnica à realidade da sociedade rural dominada por proprietários-arrendadores, concentrando-se cada vez mais nos problemas práticos que retardavam o crescimento agrícola. Em 1884, por exemplo, o governo foi obrigado a aumentar a qualidade do arroz no mercado por meio de rígidos programas de inspeção, dado que grande quantidade de arroz estava apodrecendo, afetando a produção de saquê.

Durante os anos 1870 e 1880, o novo governo estava confiante o suficiente para estabelecer a política agrícola a seu bel-prazer, sem temer qualquer desafio mais sério a seu poder por parte do campo. Ao mesmo tempo, a cooperação, ou a concordância, de pequenos e grandes agricultores era altamente desejável se a agricultura fosse ter o papel modernizador a ela designado pelo novo governo. No início do Período Meiji, parte do ímpeto para as melhorias no campo veio dos próprios agricultores interessados em aumentar suas rendas, mas, a partir da década de 1890, muitos deles começaram a requerer que o governo fizesse mais pela classe proprietária, tanto em termos tecnológicos quanto fiscais. Uma organização especialmente proeminente de agricultores conscientes foi a Sociedade da Virtude da Retribuição (*repaying virtue*), da qual muitos líderes se tornaram persuasivos expoentes do pensamento popular sobre a agricultura nos anos 1870 e 1880.

Fundado no final do período Tokugawa, o movimento *Hōtoku* (Virtude da Retribuição) tornou-se importante no Período Meiji por causa de seu apelo entre as classes líderes no campo, que se tornaram o objeto de patrocínio oficial depois de 1900. As primeiras Sociedades *Hōtoku*, fundadas na década de 1840, eram predominantemente sociedades de crédito organizadas por proprietários rurais. No Período Meiji, foram remodeladas e seus objetivos redefinidos para incluir a idéia de que o crescimento agrícola não era inconsistente com as novas políticas econômicas de promoção da indústria. Um dos motivos para essa adaptação era a necessidade de fornecer emprego para a população rural e estimular a produtividade que melhoraria as condições no campo.

Mas essa posição progressista só era possível enquanto a agricultura dominasse a economia, pois dado que a agricultura permanecia seu pilar central, com o crescimento do Japão industrial, a perspectiva do movimento gradualmente se transformou, assumindo um aspecto cada vez mais conservador. Quando o industrialismo se espalhou, a partir de 1890, as limitações dessa visão se tornaram aparentes e o movimento *Hōtoku* se transformou em uma ideologia de interesses especiais.

O FIM DA ERA MEIJI: JAPÃO IMPERIAL

A história do Japão do século XX foi formada sobretudo pelo crescimento econômico doméstico e pelo processo externo de providenciar o acesso à base global de recursos necessários a esse crescimento. Até 1914, tanto o processo interno de crescimento quanto o processo externo de estabelecer a posição global do Japão caminharam suavemente. A Primeira Guerra Mundial, porém, deteriorou as condições políticas globais e, com o aprofundamento do envolvimento japonês na economia global, as desordens políticas globais começaram a reverberar no âmbito doméstico: crescimento populacional, aumento da mobilidade física e da diferenciação socioeconômica, difusão da educação e mudanças tecnológicas proporcionaram o surgimento de novas formas e níveis de conflito social.

Para o Japão, a aquisição de recursos envolvia duas estratégias comuns ao processo de industrialização: iniciativas empreendedoras e ações político-militares. Mas enquanto as primeiras constituíram a maior parte da atividade comercial do Japão no exterior ao longo de sua história moderna, as ações imperialistas foram as iniciativas socialmente mais visíveis e ideologicamente mais estimadas até 1945, marcando suas relações com a vizinha Coréia, cuja anexação, em 1910, serviu a dois propósitos: estabelecer uma base de imigração para amenizar o problema da superpopulação no Japão e aumentar o fornecimento de alimentos da Coréia para o Japão em termos coloniais.

A partir da década de 1870, o crescimento populacional acelerou-se em decorrência da elevação da taxa de natalidade, da queda na mortalidade infantil e do aumento da expectativa de vida, com as ocasionais perdas maciças para a carnificina militar moderna sendo contrabalançadas pela redução das mortes causadas por fome, desnutrição e doenças. Esse crescimento demográfico foi possibilitado pelos ganhos na produção de alimentos, com a produção de arroz crescendo aproximadamente em paralelo com a população. Os aumentos na produção, por sua vez, foram devidos, em parte, à expansão da terra arável e à produção de sementes de arroz mais resistentes ao frio. Mas melhorias nas técnicas agrícolas por todo o campo tiveram conseqüência de mais longo prazo: reorganização dos campos inundados, melhorias modestas no uso das sementes, das terras, estocagem etc., e maior uso de fertilizantes lentamente aumentaram a produtividade dos agricultores.

O crescimento populacional possibilitado pela expansão da agricultura teve seu maior impacto nos centros urbanos e no setor industrial. As cidades cresceram rapidamente porque quase toda a mão-de-obra em expansão do país dirigia-se a trabalhos não agrícolas, a maioria dos quais encontrados nas cidades. Como resultado disto, a parcela da produção doméstica originada na agricultura declinou de cerca de 45% em 1885 para 32% em 1914, tendência que continuaria pelo restante do século. Desse modo, a situação do setor rural se colocava em marcado contraste com a rápida e sustentada expansão industrial, com o papel da agricultura na economia encolhendo cada vez mais.

A intensificação do uso de fertilizantes comerciais e de equipamentos motorizados no trabalho agrícola também permitiu ganhos notáveis na produção de trigo, frutas, vegetais e carne, alimentos que tinham apelo para uma dieta urbana que lentamente se diversificava. No entanto, esses aumentos na produção não se traduziram em prosperidade rural, uma vez que os custos altos e os preços de venda baixos acabaram por estagnar a renda agrícola. O número de famílias na agricultura estabilizou-se e a terra arável parou de se expandir depois da Primeira Guerra Mundial, com os arrendatários trabalhando cerca de 46% de toda a terra cultivável. A produção de arroz cresceu muito pouco, em parte por causa das medidas do governo que, para manter o preço do arroz em níveis mais baixo nas cidades, tinham deprimido os valores de venda nas fazendas, encorajando os agricultores a se concentrar, onde isso era possível, em colheitas alternativas.

Mas o que mais animava a economia rural era a contínua expansão na produção e exportação da seda. Quando o governo Meiji lançou seu programa para aumentar a riqueza do país, a primeira indústria que buscou promover foi a da seda. Essa produção havia sido importante no Japão Tokugawa, mas o mercado era então limitado. Uma vez que o país se abriu para o Ocidente, em meados do século XIX, a seda se tornou o bem de exportação mais importante, levando o governo a encorajar e apoiar a construção de modernas fábricas de seda. Os 11,5 milhões de libras de seda crua produzidos em 1894 saltaram para 31 milhões em 1914, fornecendo fio e tecido suficiente para constituir cerca de um terço das exportações do país e gerando uma renda que os agricultores podiam reinvestir em outros esforços produtivos.

Em paralelo à indústria da seda, outra indústria têxtil, a de tecidos de algodão, começou a crescer quando o Japão deu início à sua industrialização. O crescimento dessas indústrias envolveu um rápido aumento no número de trabalhadores empregados nas fábricas de seda e algodão, que eram em sua maioria mulheres, mal pagas, em geral muito jovens, oriundas de famílias rurais pobres. Para os agricultores empobrecidos, o emprego de suas filhas nas fábricas de seda e algodão logo se tornou parte essencial de sua renda, pois recebiam adiantado para enviá-las ao trabalho nas fábricas e esse dinheiro lhes permitia pagar os impostos de suas terras e as despesas da sobrevivência diária.

As dificuldades da população rural durante a década de 1920 tiveram sua origem em grande parte na mudança de política do governo que retirou o subsídio aos preços do arroz e começou a fazer esforços para reduzi-los, refletindo o declínio no papel dos interesses rurais na vida política do Japão. Durante a Primeira Guerra Mundial, líderes empresariais, que tentavam fazer frente a demandas dos trabalhadores por aumentos de salário, fizeram pressão junto ao governo para abolir as tarifas sobre a importação de alimentos como um modo de reduzir os preços nos supermercados, e as Revoltas do Arroz de 1918 acabaram forçando o governo a ceder. As medidas para controlar os preços do arroz e promover a importação das colônias deprimiram a renda agrícola na década de 1920.

Uma mudança de mais longo prazo que vinha alimentando a tensão rural era o crescimento dos proprietários-arrendadores ausentes em suas terras. Onde outras opções de carreira estavam disponíveis, mais e mais proprietários deixavam a agricultura e sua vila natal retendo, no entanto, a propriedade de suas terras arrendadas a terceiros. As dificuldades dos anos de 1920 estimularam os agricultores-arrendatários a se sindicalizar e demandar reduções nos impostos, encorajando assim um número ainda maior de proprietários-arrendadores a aplicar suas riquezas em investimento urbano.

Em contrapartida, quedas nos preços da seda e nos salários das fábricas de algodão agravaram a situação e, durante a década de 1930, a Grande Depressão devastou o campo, sem que o dano tenha sido mitigado por mudanças tardias na política do arroz. Reivindicações rurais por auxílio se multiplicaram e autoridades iniciaram um controle da situação intensificando a vigilância da polícia e promovendo programas de assistência, bem como um movimento de cooperativas liderado pelo governo. As condições melhoraram modestamente no final dos anos de 1930, mas os ganhos devidos ao *boom* industrial foram perdidos pelo serviço militar que recrutou jovens fisicamente capazes, pelos controles de preço do período de guerra, pela escassez de fertilizantes e outros problemas que retardaram os esforços dos produtores.

O FIM DO IMPÉRIO E A OCUPAÇÃO NORTE-AMERICANA

Por volta de 1930, o Japão já era muito maior, mais poderoso e, ao mesmo tempo que a sociedade e a economia se tornaram maiores e mais complexas, ampliando os problemas domésticos, a ordem internacional também se complicou. O uso de combustíveis fósseis aumentava continuamente — característica comum dos processos de industrialização —, mas estava ficando cada vez mais difícil para o Japão assegurar uma base global desses recursos e de outras matérias-primas conexas.

Até 1939, tal dificuldade confinava-se ao Leste Asiático, apesar da escala global da Grande Depressão e de questões militares que envolviam o Japão e países vizinhos. Mas, naquele ano, uma série de eventos globalizou substancialmente o contexto do debate político japonês. Nos dois anos seguintes as complicações internacionais se elevaram de tal maneira que os líderes japoneses decidiram, em 1941, resolver a "questão da China" e a situação global mais ampla por meio do desafio a Estados Unidos, Grã-Bretanha e outras potências européias, pelo domínio do Pacífico Ocidental e toda a Ásia ao sul e ao oeste da Mongólia. Como conseqüência dessa radical expansão do campo de planejamento estratégico, a desordenada e oportunista atividade imperialista de longo prazo do Japão no Leste Asiático ficou conectada à atividade de conquista muito mais recente de Hitler na Europa. Nesse processo, os conflitos separados da Europa e do Leste Asiático se transformaram no caos da Segunda Guerra Mundial.

Em 1941, os estrategistas japoneses tinham esperanças de que rápidas vitórias militares levassem à negociação de um acordo aceitável, mas, na prática, os êxitos no campo de batalha só alimentaram a ambição que impediu qualquer negociação. Logo, reveses no final de 1942 deram origem à resistência militar que impediu um esforço sério para um acordo diplomático. A partir de 1943, com o recrudescimento da situação desfavorável, o Japão envidou frágeis esforços na busca de uma conciliação. Aproveitando-se da situação, porém, os líderes inimigos encontravam cada vez menos razões para um acordo e cada vez mais oportunidade para punir o Japão severamente e rearranjar o mapa político do Leste Asiático a seu bel-prazer.

Com o fim da guerra, o Japão foi ocupado por tropas norte-americanas, e seu controle político foi centralizado na Autoridade de Ocupação que, no início, a não ser pelo fornecimento de ajuda na forma de bens e suprimentos, teve pouco interesse em promover a recuperação econômica do país, focando toda sua atenção na destruição permanente da capacidade militar japonesa e na democratização do Japão, mediante a introdução de instituições políticas liberais e da substituição da economia dirigida pelo Estado por empresas privadas competitivas.

A população rural como um todo havia sofrido enormemente com a depressão rural na década de 1930, e suas dificuldades podem explicar o aumento da influência política de grupos militares e nacionalistas-extremistas, uma vez que o Exército tinha relações íntimas e próximas com o campo: os agricultores, mesmo os proprietários de terras, constituíam importante fonte de soldados e oficiais para o Exército japonês. A predominância da agricultura na economia japonesa ao longo da Era Meiji foi diminuindo com a expansão da indústria manufatureira e, às vésperas da Segunda Guerra Mundial, sua participação no Produto Interno Bruto (PIB) havia caído para apenas 19%. No entanto, a população rural ainda representava 45% da população economicamente ativa e, em 1947, chegou a 53%, em virtude da ruína da indústria e da perturbação da distribuição ocupacional causadas pela guerra.

Antes do conflito mundial, a figura típica da comunidade rural era o pequeno agricultor que possuía a terra que cultivava ou a arrendava no todo ou em parte de um proprietário. A proporção da terra arável nas mãos de arrendatários crescera nas décadas anteriores e, em 1938, representava cerca de 46% de toda a área cultivada no Japão. Os arrendamentos típicos eram pequenos, 50% deles pouco maiores do que um acre e 94% menores do que 7,5 acres. O arrendatário tinha de providenciar casa, equipamento, sementes, animais e fertilizantes, e desfrutava de pouca segurança no arrendamento, pois, dada a superpopulação rural no pré-guerra, qualquer atraso no pagamento ou demanda por redução de seu valor por parte dos arrendatários permitia aos proprietários de terra retomar as propriedades e arrendá-las a outros.

Em tais condições, a renda dos agricultores-arrendatários não era suficiente para cobrir suas mínimas despesas de sobrevivência, forçando-os a tomar empréstimos de proprietários ou comerciantes a altas taxas de juros e a complementar sua renda agrícola com os salários de seus filhos, não qualificados e mal pagos, enviados para trabalhar nas indústrias. Mesmo os próprios chefes de famílias arrendatárias eram obrigados a suplementar sua renda com trabalhos não-agrícolas. Essa situação de crise foi usada pelo governo japonês para promover a expansão militar no exterior, vendo as vastas terras do continente asiático como uma válvula de escape para a situação de pobreza e superpopulação rural, com o entusiástico apoio dos agricultores — grandes e pequenos — ao militarismo japonês.

Percebendo, em 1945, que um campesinato empobrecido tinha grandes probabilidades de se tornar uma fonte de sentimento revolucionário que poderia levar ao retorno do militarismo, a Autoridade de Ocupação agiu rapidamente obrigando o governo japonês a introduzir medidas para a conversão dos arrendatários em proprietários, o que foi feito pela Lei de Estabelecimento da Propriedade Rural de 1946.

Com ela foram abolidos os proprietários ausentes que não cultivavam suas terras e só foi permitido o arrendamento de 2,5 acres de terra cultivável. O tamanho das propriedades dos antigos proprietários-arrendadores foi igualmente restringido. A terra cultivável que excedesse esse limite deveria ser comprada pelo governo e revendida a agricultores elegíveis a preços baseados no valor de arrendamento (25% do valor da produção de arroz e 15% do valor da produção de outros cultivos). A terra comprada nessas condições não poderia ser vendida por trinta anos — uma provisão para evitar a futura concentração em grandes propriedades. Tudo isso deveria ser feito em dois anos, para o que foram estabelecidas comissões de propriedades rurais por todo o país responsáveis pelo planejamento e pela execução da reforma agrária em suas áreas, e compostas de modo a refletir a composição da sociedade rural: três proprietários de terras, dois agricultores-proprietários e cinco arrendatários. Como o valor da compensação monetária paga aos antigos proprietários foi destruído pela inflação, eles foram, na verdade, expropriados, ao passo que os arrendatários não apenas obtiveram suas propriedades por um preço baixo como também se livraram do anteriormente esmagador peso da dívida.

Como foi possível uma reforma agrária feita "de cima para baixo", sob a direção dos Estados Unidos, no sistema capitalista de propriedade privada é uma questão interessante. Entre várias razões práticas — a decrescente força da agricultura na economia japonesa e, portanto, dos agricultores na política do país — e políticas — a política de "desmilitarizações e democratização" deu força a movimentos pelos direitos não só de cidadãos e trabalhadores, mas também de agricultores —, destaca-se o fato de que a União Soviética, como um dos Aliados, já tinha feito uma proposta de reforma agrária.

Com o fim da guerra "quente" veio a Guerra Fria, dividindo o mundo entre as esferas de influência dos Estados Unidos, de um lado, e da União Soviética, de outro. Uma vez que os Estados Unidos foram a força predominante na derrota do Japão e que a União Soviética foi excluída de qualquer papel significativo na ocupação do país, o Japão emergiu da derrota no lado norte-americano da "Cortina de Ferro". Neste contexto, o teor anticomunista do discurso norte-americano sobre democracia, direitos humanos e livre-comércio implicava que, depois de despojado de sua capacidade militar agressiva e imperialista, medidas tinham de ser tomadas para que o Japão se mantivesse no rumo do capitalismo. Com isso, a partir de 1947-48, as políticas da ocupação norte-americana passaram do princípio de "desmilitarização e democratização" para o de "anticomunismo e recuperação econômica".

A proposta soviética de reforma agrária requeria o confisco de toda terra arrendada por proprietários de terras e o confisco sem compensação de terras arrendadas por agricultores-proprietários que excedessem 6 hectares, além da distribuição preferencial dessas terras aos arrendatários pobres. Ao opor-se ao plano soviético, os Estados Unidos tinham de fazer uma proposta "revolucionária" o suficiente para satisfazer as demandas dos arrendatários por terra e, ao mesmo tempo, atraí-los para o "mundo livre". Some-se a isso o rápido progresso do comunismo na vizinhança imediata do Japão — China e Coréia do Norte, ambas com extensos processos de reforma agrária — e tanto as forças de ocupação quanto a classe governante japonesa perceberam a necessidade urgente de uma reforma agrária radical feita "de cima para baixo" a fim de prevenir a difusão do comunismo e manter o sistema capitalista de propriedade privada, servindo tanto aos princípios de "desmilitarização e democratização" quanto aos de "anticomunismo e recuperação econômica".

Com a reforma, 80% de toda a terra arrendada foi distribuída a agricultores arrendatários a preços baixos, fazendo que, em 1949, a terra arrendada fosse reduzida de 46 para 13% de toda a terra cultivada. A reforma também criou amplo estrato de agricultores-proprietários que passaram de 28% das famílias no campo em 1941, a 55% em 1949, ao passo que o número de famílias que arrendavam 100% das terras que cultivavam caiu para 8% e o de famílias que arrendavam parte das terras que cultivavam caiu de 41 para 35%. Mas os direitos dos arrendatários nas terras arrendadas remanescentes foram fortalecidos e o nível das rendas mantido baixo: em 1948, por exemplo, a renda de um campo de produção média era equivalente a apenas 1% da produção total. Desse modo, mesmo arrendatários que não puderam comprar suas terras podiam obter uma renda pouco mais baixa do que a dos agricultores proprietários. Em contrapartida, tornou-se impossível para os proprietários de terra, que mantiveram seus 2,5 acres de terra arrendada, viver da renda paga pelos arrendatários.

Como a reforma, na verdade, apenas transferiu a propriedade formal de pequenas parcelas de terras espalhadas dos proprietários de terra para os arrendatários, foi mantida a estrutura de pequenas propriedades agricultoras que tornava difícil melhorar o nível de desenvolvimento agrícola. No pequeno território do Japão as florestas ocupavam 70% do país, cinco vezes mais do que a área cultivável. Como foi feita, a reforma agrária tornava impossível a criação de propriedades compactas e a racionalização de sua administração mediante a troca e a consolidação de terras. Mas, apesar dessas limitações, ela teve um importante papel no desenvolvimento do capitalismo pós-guerra no Japão, por causa de grandes mudanças na estrutura da agricultura japonesa.

O JAPÃO NO PÓS-GUERRA: ERA DE GRANDE CRESCIMENTO

O sistema de agricultores-proprietários criado pela reforma agrária provou ser importante pré-condição para um crescimento abrupto no nível de produtividade da agricultura japonesa e grande crescimento econômico baseado nas indústrias pesadas, em especial depois de 1960.

No que diz respeito à contribuição da reforma ao notável aumento de produtividade da agricultura no Japão pós-guerra, alguns pontos merecem destaque. A reforma agrária, apesar de não alterar o sistema de pequenas propriedades herdado do período pré-guerra, dissolveu o sistema de proprietários-arrendadores e transformou os agricultores arrendatários em agricultores-proprietários em condições muito favoráveis, libertando-os das condições de pesadas dívidas, rendas exploradoras e frágeis direitos sob as quais trabalhavam antes da guerra. Eles obtiveram direitos integrais ao cultivo de suas próprias terras, tornaram-se mais capacitados a "gozar os frutos de seu trabalho" e tiveram um incentivo para melhorar a terra e promover a produtividade rural.

Em 1955, o Japão já havia completado o período de "reconstrução do pós-guerra" e estabelecido as fundações da era de grande crescimento que se seguiu, e o ano marcou época no aumento da produtividade agrícola japonesa que atingiu não só o cultivo do arroz, mas também a produção de frutas, hortaliças e animais de corte, entre outros.

A política agrícola durante a ocupação foi dura com os agricultores: os preços oficiais para produtos agrícolas eram baixos e os níveis dos impostos sobre os agricultores, altos. Contudo, essa política foi relaxada com a conclusão do Tratado de Paz de São Francisco (1951) e a reconstrução do capitalismo japonês, encorajado por enorme demanda militar norte-americana durante a Guerra da Coréia. O aumento da produtividade agrícola de 1955 foi decorrência não só desse relaxamento, mas também da própria reforma agrária.

A classe de pequenos agricultores dissolveu-se rapidamente depois de 1955, quando o capitalismo japonês entrou em uma fase de rápida acumulação de capital baseada nas indústrias pesada e química. Crescentes importações de produtos agrícolas dos Estados Unidos e de outros países e intensa competição doméstica tornaram difícil para muitos pequenos agricultores sustentar a família apenas com a agricultura, forçando-os a depender cada vez mais de trabalhos suplementares, sobretudo como assalariados. Com isso diminuiu muito a importância da propriedade da terra como base da agricultura e a renda agrícola foi nitidamente reduzida.

A fase de "grande crescimento" do capitalismo japonês, do fim da década de 1950 ao início da de 1970, foi marcada pela expansão na construção de fábricas, redes de transporte e habitação, não apenas nas áreas urbanas, mas também nas áreas rurais. Como conseqüência, o preço da terra nas áreas rurais explodiu depois de 1960 e a terra, como propriedade, tornou-se mais importante para os agricultores do que a própria agricultura.

Além disso, as oportunidades de emprego não agrícola se expandiram grandemente nesse período, com grande parte dos trabalhadores agrícolas indo para manufatura, construção, comércio e serviços. Nessas condições, apesar das várias dificuldades com que se defrontava a agricultura japonesa, não houve nenhum problema social mais sério nem ocorreram revoltas no campo. O aumento do trabalho assalariado não agrícola permitiu a expansão da renda das famílias rurais e aumentou seu padrão de vida, eliminando a grande diferença de renda e padrão de vida que existia no pré-guerra entre trabalhadores rurais e urbanos.

Parte do fluxo de trabalho rural para atividades não rurais consistiu de pessoas do campo migrando para as cidades, às vezes para lugares distantes. Durante a década de 1970, as redes de transporte foram incrementadas, empresas mudaram para áreas rurais; assim também muitas pessoas, que tinham casa própria ou terras continuaram a cultivá-las, permanecendo no campo, deslocando-se diariamente para trabalhar nas cidades próximas.

Houve, portanto, uma mudança no fluxo de trabalho rural para atividades não-rurais. De um processo em que homens jovens deixavam seu lar em direção à cidade para um processo em que chefes de família, herdeiros e mulheres saíam para trabalhar em empregos não agrícolas enquanto ainda viviam nas propriedades rurais. Em conseqüência, o número de famílias agricultoras em tempo integral diminuiu gradativamente, aumentando o número de famílias empregadas parcialmente na agricultura, cujos membros eram, ao mesmo tempo, trabalhadores assalariados em empregos não agrícolas.

Desse modo, a partir da metade da década de 1950, o capitalismo japonês baseado na indústria pesada transformou rapidamente a população rural utilizando-a como fonte de trabalho barato. Enquanto em 1955, 44% da população vivia em áreas rurais, as famílias rurais contabilizavam 41% de todas as residências, e a população ocupada na agricultura representava 34% da população economicamente ativa; 25 anos depois, essas porcentagens tinham caído para 24, 18 e 9%, respectivamente, indicando acentuada queda na população rural.

A reforma agrária promovida pelas forças de ocupação, apesar do profundo impacto na agricultura japonesa, não alterou a estrutura de pequenas propriedades. E não ter havido progressos na consolidação das propriedades não seria digno de nota a não ser pelo fato de que, ao mesmo tempo, deu-se uma mudança para cultivos que empregavam menos terra por unidade de produção. Uma vez que terra e trabalho eram os fatores escassos, a racionalidade econômica prescrevia a transição para uma agricultura de uso intensivo de capital, associada a modificações na composição da produção agrícola.

Nos anos que se seguiram a 1945, tanto a Autoridade de Ocupação quanto o governo japonês estavam preocupados em aumentar o escasso suprimento de alimentos para evitar a fome. A agricultura, que não sofrera como a indústria com a perda de bens de capital, nem teve sua reconstrução retardada por problemas de reparação ou "níveis permitidos" de produção, se recuperou mais rapidamente. A reabilitação das fábricas de fertilizantes químicos, bem como sua importação, foi encorajada e priorizada. A escassez de mão-de-obra foi logo superada com a desmobilização de soldados e o retorno de repatriados das antigas colônias. Como a recuperação da produção de arroz era considerada prioritária, a assistência oficial materializou-se na forma de concessões para a melhoria das terras e um esquema de manutenção dos preços. A produção agrícola respondeu rapidamente a esses estímulos, mesmo com a redução de quase dois terços na força de trabalho agrícola.

O aumento geral na produção pôde ser atingido por meio de mudanças consideráveis na importância relativa dos vários cultivos. Houve um grande aumento na produção de frutas, vegetais, ovos, leite e animais de corte em resposta à diversificação da dieta japonesa. Apesar de o arroz ter-se tornado um produto "inferior" — seu consumo *per capita* caiu cerca de 25% ao longo da década de 1970 —, o governo persistiu na política de apoio à sua produção a ponto de o fornecimento de arroz ser superior à demanda, transformando sua estocagem e a eliminação de estoques excedentes em um problema que se somava ao próprio custo do esquema de manutenção de preços.

O governo tentou contornar o problema que ele mesmo criou mediante, por exemplo, a Lei Básica da Agricultura (1961), que proporcionava incentivos financeiros para encorajar os agricultores a trocar a produção de arroz pela de produtos cuja demanda estava crescendo. Mas essa e outras políticas não obtiveram o resultado esperado porque eram inconsistentes com o esquema de manutenção de preços do arroz. No fim da década de 1970, o preço pago aos produtores era cinco vezes o preço mundial e o preço ao consumidor era duas ou três vezes esse valor. No início da década de 1980, o governo decidiu reduzir os estoques excedentes exportando parte dele a preços mundiais, isto é, a um quinto do preço que pagara aos agricultores, mas o alívio foi apenas temporário e parcial.

O apoio dado aos produtores de arroz foi o exemplo mais destacado da política aplicada aos produtos agrícolas em geral. A proteção tomou muitas formas: esquemas de manutenção de preços para o trigo, a cevada, beterraba (para a produção de açúcar), soja, bichos-da-seda, tanto quanto para o arroz; subsídios para leite e ovos; e cotas de importação para a carne. Muitos produtos agrícolas foram liberados de controle quantitativo para importação em conformidade com a política norte-americana de liberalização, mas o governo com freqüência substituía essas restrições pela introdução ou extensão dos esquemas de manutenção de preços.

A política agrícola do Japão, em vez de promover a eficiência econômica pelo encorajamento de ajustes estruturais, foi direcionada em particular para a prevenção da queda acentuada da renda agrícola em relação à urbana. Mas, embora sua eficiência econômica possa ser criticada, notáveis avanços foram feitos em relação à sua eficiência técnica. Antes da guerra, os agricultores faziam pouco uso de máquinas no cultivo ou no tratamento de suas plantações. A partir da segunda metade da década de

1950, máquinas motorizadas vieram em auxílio da decrescente força de trabalho, e maior uso de fertilizantes e inseticidas permitiu o aumento da produção de trabalhador por acre.

Desse modo, tendo em conta que o Japão não estava disposto a se tornar fortemente dependente de importações, o melhoramento na produtividade agrícola foi condição necessária do progresso industrial, dado que, de outro modo, a força de trabalho necessária na crescente indústria não teria estado disponível. Ao mesmo tempo, o desenvolvimento industrial contribuiu para o aumento na eficiência agrícola, já que permitiu aos agricultores obter máquinas e fertilizantes químicos, bem como outros bens de capital, a um custo reduzido. Além disso, avanços no conhecimento em biologia levaram a melhorias na qualidade das sementes plantas e animais, ao passo que melhorias no transporte facilitaram o acesso aos mercados e promoveram alocação mais eficiente de recursos. Pode-se dizer que a experiência do Japão pós-guerra apóia a teoria de que o progresso rápido é mais bem promovido por avanços concorrentes na agricultura e na indústria.

É indiscutível, no entanto, que os aumentos na produção agrícola permitidos pelos desenvolvimentos técnicos só foram atingidos a um alto custo para os contribuintes e consumidores. E isso se deve, em grande parte, à persistente divisão da terra em propriedades muito pequenas, nas quais os equipamentos de capital permanecem sem uso por muito tempo — apesar da prática de aluguel por tempo limitado. Isso significa que o capital investido na agricultura é usado com muito desperdício. Houve tentativas de superar essa desvantagem com esquemas de administração conjunta de várias propriedades, o que foi alcançado com sucesso em especial nos ramos de desenvolvimento mais recente na agricultura, pouco afetando a produção de arroz.

As principais razões para a recusa em desistir da produção de arroz se devem a vários fatores. Sua produção permanece como cultivo ideal para o trabalhador agrícola em tempo parcial, dado que requer, comparativamente, pouco trabalho — a não ser nos períodos de transplante das mudas e da colheita; seu rendimento é bem estável; e, acima de tudo, o agricultor não tem dificuldades para comercializar sua produção, já que ele pode vendê-la ao governo a um preço garantido. A persistência das pequenas propriedades também pode ser vista como uma conseqüência da confiança do pequeno agricultor na apreciação do valor de sua terra, estimulando-o a não vendê-la. O grande investimento necessário para financiar qualquer mudança na escala das operações agrícolas também pode ser visto como um impedimento para a consolidação das propriedades.

Agora que o comércio da maioria dos bens manufaturados foi liberado, a agricultura ocupa o último refúgio da proteção do governo. Países como Austrália, Estados Unidos, Canadá e outros europeus — que poderiam vender grandes quantidades de alimentos ao Japão sob um regime de livre importação — se ressentem dessas barreiras tanto quanto os consumidores e contribuintes, afligidos pelo alto preço dos alimentos resultante da política de proteção e manutenção de preços.

Embora o custo, político e econômico, da manutenção da política agrícola tenha aumentado nos últimos tempos, é duvidoso de que haja mudanças no futuro iminente. A comunidade agrícola desfruta no presente de muitos privilégios, dado que a política agrícola está assentada na manutenção artificial da quase paridade entre as rendas agrícola e rural. Os membros mais jovens das famílias rurais percebem altos salários nos setores industriais ou de serviços, permitindo constante melhoria na renda agrícola real em detrimento do restante da população. Os chefes de família, em especial aqueles cujas terras estão próximas às cidades, podem esperar por uma contínua e acentuada valorização de suas propriedades.

Em contrapartida, o contexto político internacional fortalece o argumento da segurança. A lista de produtos nos quais o Japão não é auto-suficiente inclui alguns dos mais importantes: trigo, cevada, soja, açúcar, óleos e gorduras. A crescente indústria de animais de corte depende fortemente de alimentação animal importada, já que há pouca terra de pastagem no Japão. É provável que a demanda por carne, e outros derivados de animais de corte, cresça de modo substancial com a prosperidade do Japão, e esse crescimento será acompanhado por um declínio cada vez maior na importância do arroz, aumentando a demanda por importados.

CONCLUSÃO

O desenvolvimento em qualquer período tem suas raízes em períodos anteriores, embora a Segunda Guerra Mundial tenha marcado uma importante transição no Japão, do absolutismo monárquico para a república burguesa com um imperador apenas simbólico; o ritmo e o caráter de tais eventos foram influenciados por mudanças que remontam não só à Restauração Meiji como também à Era Tokugawa anterior àquela, pois a Era Meiji herdou uma sociedade que, dentro de alguns limites, tinha uma agricultura altamente desenvolvida, um sistema extensivo de mercado, uma tradição de intervenção autoritária na economia e, acima de tudo, um povo relativamente bem-educado, com atributos como disciplina, lealdade, frugalidade e capacidade de resposta a incentivos econômicos.

Graças a numerosos estudos, sabemos hoje que o desenvolvimento é função de grande número de variáveis interagentes: climáticas, geográficas, religiosas, sociológicas e políticas, tanto quanto econômicas, muitas das quais não estão sujeitas à quantificação segura. As singularidades de tais características no desenvolvimento japonês têm estimulado muito o debate sobre sua pertinência como modelo para outros países de desenvolvimento tardio. Algumas das características sociais mais comentadas são a disciplina, um conceito muito claro e uma aceitação muito forte da autoridade, lealdade e deferência para com os superiores, ênfase no nascimento e na *"senioridade"* no lugar do mérito, além da sujeição do individualismo ao grupo. No caso específico do Japão, também parecem ser de suma importância as questões de relações internacionais e política externa como motores do desenvolvimento, em especial a partir do Período Meiji.

Feitas todas essas observações, no entanto, muitos estudiosos indicam que a análise do desenvolvimento no Japão, em particular no que concerne à questão agrícola, pode trazer grandes contribuições ao estudo do desenvolvimento em outros países em desenvolvimento.

2
O CASO DA CORÉIA

INTRODUÇÃO

A Coréia tem uma tumultuada e milenar história — e a evolução de sua agricultura, a nosso ver, apresenta aspectos de enorme interesse para os países em desenvolvimento. Tanto quanto se pode recuar nos registros, a vida na Coréia era nômade, comunidades de clãs organizavam a vida coletivamente e a pesca, a caça e a agricultura nos vales dos rios forneciam a subsistência. Por volta de 500 a.C., bronze e ferro foram trazidos da China e tiveram grande influência na agricultura. O metal possibilitou arados de ferro, reservatórios e barragens mais sofisticados. Criação de animais, produção de arroz e de seda foram introduzidos nessa época. A crescente produtividade agrícola permitiu a emergência de um pequeno sistema familiar no lugar das comunidades de clãs, bem como a produção de um excedente. Com isso, algumas famílias se tornaram mais ricas do que outras e o controle da terra passou a significar riqueza. A tendência para a organização em regiões maiores levou, em 57 a.C., à formação de três reinos, na verdade alianças de tribos com o chefe mais poderoso como rei: Baekche, Kogurio e Sila.

Em fins do século VII, o reino de Sila já dominava a maior parte da península coreana, abarcando sob sua administração todo o território nacional, incluindo os habitantes dos antigos três Estados. As diferenças sociais tornaram-se mais marcadas estabelecendo um sistema de classes de acordo com a posição social no nascimento. Essa estrutura da sociedade influenciou o sistema de controle sobre a terra, que passou a ser exercido pelo Estado, e não apenas pelo rei. A classe no poder obtinha concessões de terra como um salário por seus serviços, não como propriedade, mas como usufruto, para ser cultivada com trabalho escravo e ter sua produção agrícola apropriada.

No início do século VIII, um sistema de distribuição da terra foi implementado e reservatórios foram construídos para a irrigação dos campos de arroz, permitindo aos camponeses cultivar a terra distribuída em troca de pagamentos em produto — arroz, cevada e trigo, entre outros — coletados de acordo com a produção real da terra. Além disso, os agricultores tinham de plantar árvores de amora para os bichos-da-seda, bem como nozes e castanhas como imposto adicional para o governo e a nobreza.

Ao longo do século IX, conflitos entre a família real e a administração sacudiram a estrutura interna de Sila: vários chefes locais se rebelaram contra a casa real e houve uma "ressurreição" dos antigos reinos de Baekche e Kogurio. Em 935 o rei de Sila rendeu-se ao rei de Kogurio, que conquistou o reino de Baekche no ano seguinte, unificando a península e estabelecendo Korio (mais tarde Coréia) como um Estado centralizado. Para tanto, a dinastia Korio distribuiu terras e florestas a servidores do governo, estabilizando a organização interna do governo e permitindo-lhe resistir a invasões estrangeiras por um longo período.

Em fins do século XI, os mongóis adotaram novas técnicas de produção de armas que lhes permitiram sucessivas e bem-sucedidas invasões a Korio. Mas a partir da metade do século XIV, seu poder declinou rapidamente em razão de conflitos internos pela sucessão. Libertado do domínio mongol, Korio se viu forçado a iniciar reformas no governo. Um dos problemas internos mais prementes era a posse da terra, já que a esta altura o sistema de concessão de terras a servidores do governo tinha-se desestruturado: servidores favorecidos pelos mongóis, com militares e alguns proprietários plebeus, detinham a maioria das terras agrícolas, levando à erosão da renda nacional e a uma escassez de terra para os servidores recém-empregados.

O quarto rei da dinastia Korio tentou restabelecer a ordem pela implementação de uma reforma agrária, redistribuindo a terra de acordo com a posição, mas ele não foi bem-sucedido. Dado o pequeno número de aristocratas, os cargos se tornaram hereditários. O fato de a terra ser concedida de acordo com a posição social e o *status* freqüentemente possibilitava a um servidor aposentado a retenção de sua propriedade. Desse modo, grandes propriedades ficaram sob o controle permanente dos servidores, tornando-os independentes do Estado e permitindo-lhes oprimir os camponeses para obter maiores tributos.

No âmbito externo, os piratas japoneses tinham-se sofisticado, transformando-se em ladrões militarmente organizados que chegavam a penetrar o interior do país. Embora tenham sido então repelidos com sucesso, os japoneses se tornariam o maior problema de relações exteriores da Coréia ao longo de sua história, fato assinalado pela anexação do país ao Japão, entre 1910 e 1945.

No fim do século XIV, o general Yi Seonggye, famoso pelas derrotas impingidas aos piratas japoneses, conquistou o poder político e militar, realizando abrangentes reformas agrárias. Uma nova regulação, a lei de terras com base no *status*, permitiu a distribuição de terras não apenas ao general como também àqueles que o apoiavam, fortalecendo seu governo sobre o país. Por esse novo sistema, a terra era distribuída de forma vitalícia com base no cargo do recebedor, e só os servidores tinham direito a concessões de terra. Os proprietários tinham o direito de coletar rendas, ao passo que os agricultores arrendatários tinham o direito de cultivar. A renda consistia costumeiramente em metade da produção, paga como renda-imposto ao Estado.

O sistema, na verdade, melhorou a vida dos camponeses. Os arrendatários tinham garantia da posse da terra na forma de direito ao cultivo e suas terras não estavam sujeitas a confisco. A compra da terra pelos servidores públicos (*yangban*) ou pela aristocracia era rigidamente controlada. A lei também estipulava que a distribuição da terra com base na posição seria concedida apenas na região que circundava a capital, onde o governo podia facilmente manter sua supervisão. Mediante reformas agrárias sistemáticas, Yi Seonggye e seus seguidores expandiram e fortaleceram a base de seu poder econômico. Finalmente, em 1392, depois de se tornar poderoso o suficiente para forçar a abdicação do rei, Yi, ascendeu ao trono pondo fim à dinastia Korio e iniciando a dinastia Joseon (também conhecida como Yi).

O quarto rei da dinastia Joseon, Sejong, reinou de 1418 a 1450, período em que implementou várias idéias progressistas em áreas tão diversas quanto administração, economia, ciência, música, medicina, estudos humanísticos e, sua conquista mais famosa, a criação de uma forma escrita do idioma coreano, o *hangeul*. Ele também adotou diversas medidas para melhorar a vida dos camponeses, como imposto progressivo, compilação de textos com informações sobre técnicas agrícolas coletadas por relatos de camponeses idosos em todo o país e desenvolvimento do pluviômetro — duzentos anos antes de seu desenvolvimento no Ocidente.

O INÍCIO DOS CONFLITOS COM O JAPÃO

Em meados do século XV, três portos haviam sido abertos ao comércio com o Japão, mas os oficiais japoneses encarregados desses portos tinham causado problemas, e o comércio com o Japão foi reduzido depois disso. A ascensão de Toyotomi Hideyoshi ao poder no Japão, em 1590, marcou a retomada das relações deste país e a Coréia, só que dessa vez em termos ainda menos amigáveis. Hideyoshi, que precisava encontrar um meio de enfraquecer poderosos senhores feudais no oeste do Japão, via no exterior a solução para seu problema. Acreditando que a invasão da China Ming forneceria a saída necessária para uma solução pacífica no âmbito doméstico, Hideyoshi solicitou auxílio da dinastia Joseon e, quando esse auxílio foi recusado, decidiu invadir ambos os reinos, Ming e Joseon, em 1592.

Armado com mosquetes, desconhecidos dos soldados Joseon, o exército japonês chegou à atual Seul em duas semanas, mas não conseguiu avançar mais por causa da forte resistência popular. O rei Seonjo fugiu para as províncias do norte apelando ao imperador Ming por socorro contra os invasores. Forçado a combater um exército aliado Ming-Joseon, e sem suprimentos ou reforços graças à retomada do controle sobre o mar pelas forças Joseon, os japoneses foram severamente enfraquecidos e por fim cederam, pressionados por um exército voluntário organizado nas províncias do sul, doenças e desnutrição.

As negociações de paz arrastaram-se por cinco anos e só a morte de Hideyoshi encerrou (temporariamente) o assunto. No entanto, a invasão teve um impacto duradouro tanto sobre a Coréia Joseon quanto sobre a China Ming e o Japão. Os resultados sobre a Coréia foram trágicos: destruição de registros governamentais, objetos culturais, arquivos, documentos históricos e muitas obras de arte. Pior do que isso, a população foi dizimada, artesãos foram capturados e levados para o Japão e a terra foi devastada, com a superfície arável reduzida a um terço dos acres do pré-guerra. A conseqüente redução da arrecadação tornou necessária a taxação adicional das províncias menos devastadas, bem como a venda de títulos oficiais e *status yangban*, o que deu início ao desmoronamento das distinções formais de classe.

Já no início do século XVI, o povo estava pressionado por altos impostos sobre a terra, corvéias, impostos militares, serviços e tributos. Além disso, a tendência à propriedade individual de terras agrícolas foi acelerada, contribuindo para o declínio da economia dos arrendatários e causando insatisfação entre o povo. Desse modo, tarefas urgentes do pós-guerra incluíram esforços para revitalizar a economia do campo, base de arrecadação do Estado. Contudo, o excesso de exames especiais irregulares para a burocracia criou uma crescente demanda por terra. O sistema de recrutamento por mérito para a burocracia já tinha começado a se deteriorar desde a ascensão ao poder de Yi Seonggye, em fins do século XIV, dado que exames tanto para o serviço civil quanto militar passaram a ser manipulados, fosse por poderosos servidores ou uma facção no poder.

A reorganização das defesas e o aumento da arrecadação do governo também estavam entre as prioridades do pós-guerra, mas o estudo da arte da guerra e o treinamento do exército exigiam verbas adicionais, que passaram a ser coletadas como impostos dos camponeses. Isso impulsionou a prática de não registro das terras para evadir impostos, drenando os cofres do Estado.

Nesse contexto, novos conflitos externos vieram agravar a situação interna. Quando a Manchúria entrou em conflito com a China Ming, na década de 1630, os Ming solicitaram o auxílio da dinastia Joseon que, em débito por conta do auxílio Ming quando da invasão japonesa, prontamente enviou um exército. Mas quando ficou evidente que a Manchúria seria vitoriosa, o exército Joseon se rendeu rapidamente para evitar retaliações. Determinada a eliminar qualquer ameaça Joseon, no entanto, a Manchúria invadiu o reino forçando o rei a capitular e a romper relações com a dinastia Ming derrotada: cerca de quinhentos mil reféns foram levados para a Manchúria e muitos nunca voltaram.

Enquanto isso, a discórdia e as divisões entre as classes se aprofundaram na Coréia Joseon. A contratação de um número cada vez maior de agentes coletores de impostos e tributos aumentou de modo significativo a arrecadação, mas aumentou também a prática camponesa de entregar suas terras aos *yangban* para que eles os ajudassem a retirá-las dos registros oficiais, passando eles mesmos a coletar os impostos. Reformas eram claramente necessárias e esforços foram feitos para converter tributos em impostos adicionais sobre a terra, bem como para melhorar as técnicas agrícolas e de gestão da agricultura. Tais reformas, além de aumentar a arrecadação, também foram vantajosas para os camponeses, permitindo que a população mais que dobrasse entre os anos 1657 e 1669.

O fato de os comerciantes também não terem mais de entregar parte de seus produtos como tributo ao governo estimulou o crescimento da atividade mercantil, ao longo do século XVIII, e a emergência de uma nova noção de riqueza, não mais associada a terras e escravos, mas ao comércio. O desenvolvimento do comércio e da manufatura nesse período estimulou a diversidade agrícola. A técnica de transplante de mudas de arroz, que não só permitia maior produtividade como também a colheita de duas plantações anuais — cevada e arroz — e se espalhou pelo reino. A melhor relação entre produtividade e trabalho incentivou os camponeses a revolucionar os processos de gestão agrícola, permitindo-lhes enriquecer. Os ricos *yangban* e os recém-enriquecidos camponeses aumentaram gradualmente suas propriedades pelo arrendamento de outros lotes de terra. Isso empurrou camponeses pobres para fora do campo, em busca de empregos nas cidades, nas minas e na manufatura.

A carga do imposto fundiário foi assim transferida aos arrendatários, enquanto os camponeses enriquecidos puderam comprar títulos *yangban*. Essa mobilidade social foi encorajada por um governo dominado pelo déficit e ansioso por se apoderar de riquezas recém-criadas. Foram criados regulamentos para a venda de títulos, mas dado que o governo estava sempre sem fundos, o número de títulos disponíveis aumentou de modo significativo. Em contrapartida, alguns *yangban* descenderam ao *status* de plebeus, casando-se com camponesas e outras classes mais baixas. Instituições do governo e *yangbans*, incapazes de sustentar seus servos, promoveram gradualmente sua liberdade em troca de tributos ou grandes pagamentos de impostos. O número de servos do governo diminuiu de cerca de 200 mil no século XVII para 27 mil na metade do século XVIII. Nessas condições, muitos ex-servos se tornaram arrendatários parciais e agricultores livres parciais, até que, em 1801, todos os servos foram emancipados.

O interesse pela pesquisa e a publicação de estudos intelectuais também aumentou no século XVIII. Reminiscências do período renascentista da Europa ocidental emergiram nesse período na forma dos princípios de dignidade humana, oportunidade, bem-estar público e progresso da economia nacional. A cultura e a técnica ocidentais começaram a ser assimiladas na Coréia pelo comércio com a China, em uma visão de que os problemas sociais podiam ser resolvidos mediante reformas administrativas que incluíam a distribuição de terras e melhorias agrícolas — sistemas de irrigação e novas técnicas de cultivo —, bem como a limitações na propriedade de terras e a aplicação de princípios igualitários na sua posse.

No fim do século XVIII, conforme a economia e as condições sociais coreanas melhoravam, os cidadãos começaram a considerar seriamente os benefícios das idéias estrangeiras e do comércio com a Europa. Alguns advogavam uma reforma completa, mas poderosos *yangbans*, por meio de laços matrimoniais com a família real, conseguiram manter um firme controle do poder político, implementando apenas políticas de seu interesse. Conseqüentemente, cresceu a insatisfação entre os agricultores, dando origem a numerosos distúrbios políticos.

Entre 1812 e 1862, secas e enchentes consecutivas causaram uma sucessão de colheitas ruins que geraram, por sua vez, um severo ciclo de fome. O governo respondeu com impostos excessivos e leis trabalhistas duras e a combinação de condições sociais e naturais adversas acendeu uma série de revoltas agrárias entre 1811 e 1813. Meio século depois, a situação não tinha melhorado e novas revoltas varreram o país. Foi nesse contexto que surgiu a ideologia *donghak* ("aprendizado ocidental") para tirar os agricultores do ciclo de pobreza e rebelião e restaurar a estabilidade política e social. Um elemento importante dessa ideologia era o "exclusionismo", uma noção de que a melhor maneira de excluir a influência estrangeira da Coréia seria a introdução de valores pró-democráticos e o estabelecimento de direitos humanos que, combinados, promoveriam a estabilidade na Coréia sem auxílio ou influência estrangeira.

A AMPLIAÇÃO DA INTRUSÃO ESTRANGEIRA

Era esta a situação interna da Coréia, quando os britânicos, buscando mercados asiáticos, apareceram pela primeira vez em águas coreanas, logo seguidos pelos russos e franceses, na década de 1840. O governo não se opunha apenas aos interesses comerciais estrangeiros que começavam a penetrar no país, mas também ao movimento católico, que se espalhava entre os agricultores empobrecidos. Uma ordem de perseguição rigorosa aos católicos gerou uma resposta na forma da invasão francesa, em 1861, e em 1863 foram implementadas diversas reformas na administração e nas finanças nacionais com o objetivo de fortalecer a autoridade do príncipe regente. Enquanto as reformas sociais e econômicas levaram a maioria dos *yangbans* à falência, os camponeses e comerciantes deram boas-vindas à abolição das restrições sociais tradicionais.

A partir da segunda metade do século XIX, o Reino Unido, a Rússia e outros países europeus fizeram persistentes demandas por relações comerciais com a Coréia, todas rechaçadas. O Japão, cujos portos tinham sido "arrombados" mais ou menos à mesma época pelos mesmos países que pressionavam a Coréia, resolveu dar seus primeiros passos mais agressivos para estabelecer relações com a Coréia a partir da restauração da Dinastia Meiji naquele país, em 1868. A grande produção de arroz e os recursos naturais coreanos foram razões importantes para as intenções agressivas do Japão, pois o país esperava aliviar a insatisfação doméstica com uma guerra com a Coréia. Para tanto, o Japão enviou um navio de guerra a águas coreanas que foi repelido por forças locais. O incidente foi usado pelo Japão como motivo para enviar tropas à ilha de Ganghwa obrigando o governo Joseon a assinar, em 1876, o primeiro tratado desigual entre os dois países. Apresentado pelo Japão unilateralmente, o tratado concedia privilégios como extraterritorialidade, isenção de obrigações alfandegárias e o reconhecimento legal da moeda japonesa nos portos de comércio estrangeiro.

Entre 1876 e 1880, o Japão convidou os coreanos a enviar "missões de boa vontade" ao país, para inspecionar várias novas instituições construídas segundo projetos europeus. Em 1881, o governo coreano enviou um grupo de jovens da alta classe ao Japão e outro à China para estudar as instituições administrativas, militares, educacionais, industriais e tecnológicas. Ao mesmo tempo, a invasão aumentou com a abertura de três portos ao Japão, além da indicação de um cônsul japonês para a capital do reino e da conclusão de diversos outros tratados comerciais entre a Coréia e outros países ao longo da década de 1880: Estados Unidos em 1882, Reino Unido e Alemanha em 1883, Itália e Rússia em 1884 e França em 1886. Essa situação despertou entre os coreanos visões opostas sobre a necessidade de repelir a intrusão estrangeira, por um lado, e a necessidade de reformas no ambiente doméstico, por outro. Os reformistas criticavam os líderes políticos por sua confiança ingênua na influência estrangeira, mas, ao mesmo tempo, trabalhavam para introduzir reformas que melhorariam as condições sociais, proporcionariam estabilidade financeira ao povo e fortaleceriam a nação.

Enquanto isso, o Japão já havia consolidado suas bases para a agressão econômica na península, cuja produção agrícola era vista como a solução para o excesso de população e a escassez de alimentos naquele país. O escoamento maciço de grãos para o Japão devastou a vida dos camponeses coreanos até que, em 1889-91, perdas de colheitas em importantes províncias levaram o governo coreano a impor uma proibição à exportação de arroz. O Japão conseguiu ainda tirar vantagem dos camponeses coreanos tornando-os dependentes do capital japonês. Inicialmente, as exportações japonesas para a Coréia consistiam sobretudo na revenda de produtos europeus. Mais tarde, o Japão passou a reter esses produtos para consumo doméstico, substituindo-os por produtos nacionais de baixa qualidade. A maioria dos camponeses afundou na pobreza absoluta, culpando não o Japão, mas a classe governante coreana, e explodindo em revolta por todo o país, em 1884 e 1894.

Com o crescimento dos conflitos e da desintegração da ordem social e diante da crescente agressão japonesa, a Coréia se viu forçada a implementar reformas institucionais. O governo coreano trabalhou para resolver problemas educacionais promulgando regulamentações para escolas normais, institutos de língua estrangeira e educação primária em 1895, bem como para faculdades de medicina, escolas de ensino médio e comercial e escolas técnicas em 1899. Em 1904, as escolas comerciais e técnicas foram expandidas para incluir escolas agrícolas.

O início da Guerra Sino-japonesa, em 1894, levou o Japão a usar a ameaça militar para forçar a Coréia a realizar reformas políticas expulsando do governo os conservadores pró-China. O tratado de paz que pôs fim à guerra entre China e Japão foi concluído em 1895, encerrando a influência chinesa sobre a Coréia e colocando o país definitivamente na esfera imperialista do Japão. A influência russa sobre a península também encerrou-se com a Guerra Russo-japonesa de 1904-05, com a aprovação das potências européias que viam na Rússia uma ameaça muito maior do que o Japão.

Imediatamente depois desse reconhecimento internacional dos interesses políticos, militares e econômicos superiores do Japão em relação à Coréia, um segundo tratado desigual foi impingido, colocando a diplomacia coreana sob controle japonês e estabelecendo um Escritório do General-residente na Coréia como um meio de impor o governo colonial.

O controle japonês começou de fato em fevereiro de 1906, quando o General-residente foi investido de toda autoridade sobre a diplomacia coreana, a administração doméstica e as questões militares. Por intermédio do Conselho para a Melhoria da Administração Coreana, ele pressionou o governo coreano a aceitar a política agressiva do Japão nos campos de finanças, bancos, agricultura, florestas, mineração, transportes, educação, cultura, jurisprudência, segurança interna, administração local e casa real. Em 1907 um terceiro tratado foi imposto à Coréia, proporcionando uma base legal para apropriação do país pelo Japão. Imediatamente, grande número de oficiais japoneses infiltrou-se no Executivo e no Judiciário coreanos, acelerando o esquema japonês de controle total sobre a Coréia. As forças armadas coreanas foram desarmadas e desmanteladas, e o sistema judicial foi reorganizado para servir aos propósitos agressivos do Japão. Finalmente, em 1910, um novo tratado mudou o Escritório do General-residente para Governo-geral, formalizando a anexação da Coréia pelo Japão.

A CORÉIA COLONIAL E A SEGUNDA GUERRA MUNDIAL

Entre 1905 e 1908, o controle japonês sobre a moeda coreana foi assegurado pela crescente circulação de notas do banco japonês Daiichi. Apoiados por generosos empréstimos de seu governo, os comerciantes japoneses podiam facilmente expandir suas atividades e invadir o mercado coreano. Enquanto em 1908 o número de residentes japoneses na Coréia era de 126 mil, em 1911 esse número já havia subido para 210 mil.

O número de japoneses residentes ocupados na agricultura também cresceu rapidamente conforme o Japão se apoderava de terras coreanas. Os agricultores nacionais, controlados pelo capital usurário japonês, se tornaram presa fácil à expropriação. O Escritório do Governo-geral decretou uma série de leis concernentes à propriedade da terra decididamente vantajosas para os japoneses. Enquanto isso, ricos capitalistas japoneses usavam de coerção para comprar terras, transformando províncias conhecidas como "cinturões do cereal coreano" em fazendas japonesas. Para poder realizar as expropriações em uma escala mais ampla e de forma mais sistemática, o Governo-geral iniciou a prática de distribuir aos agricultores japoneses terras não reclamadas e fazendas militares do governo coreano.

Em 1908, o Governo-geral estabeleceu a Companhia de Desenvolvimento Ocidental com o objetivo de estabelecer agricultores japoneses na Coréia. Em um ano, a Companhia já se apropriara de 30 mil hectares de fazendas militares e terras não reclamadas. Pela usurpação do controle do governo coreano sobre sua própria administração financeira, os japoneses também conseguiram reduzir as propriedades da família real como meio de impedir o imperador de levantar fundos para apoiar a resistência antijaponesa.

Com o estabelecimento do Governo Geral, em 1910, os japoneses iniciaram um mapeamento das terras na Coréia como parte da consolidação de seu sistema colonial. Todos os recursos administrativos foram concentrados nesse projeto, mobilizando tanto as forças militares quanto as forças policiais civis. Já em 1898, o governo coreano tinha feito um mapeamento das terras e emitido, em 1901, certificados às propriedades registradas no sistema. O projeto nunca foi completado e o Japão forçou o governo coreano a realizar outro mapeamento em 1905, para obter um inventário dos recursos de arrecadação do governo coreano e preparar o caminho para se apropriar das terras. Em 1908, os japoneses forçaram o governo coreano a estabelecer um departamento de mapeamento das terras, a fim de investigar a quantidade de terras de propriedade da casa real. Com base nesse levantamento, todas as propriedades da casa real, com exceção dos palácios, do mausoléu e das tumbas reais, foram listadas como propriedade do governo.

A agressão japonesa no continente asiático transformou a Coréia em uma base logística para sua ofensiva no continente. O Japão construiu fábricas de suprimentos militares na península e exigiu o aumento da produção de recursos minerais, como ferro e carvão, além de se apropriar de todos os tipos de bens coreanos, até mesmo alimentos. Mais do que os recursos materiais, recursos humanos também foram explorados: os coreanos sofreram sob condições brutais nas minas e fábricas e os jovens foram convocados a servir no exército japonês.

Enquanto o Japão avançava a invasão continental da Manchúria para o interior da China, durante a década de 1930, a ênfase dos japoneses passou da indústria de alimentos para a indústria pesada (maquinário, química e metais). Em 1939, a indústria pesada já representava 50% do setor industrial na Coréia. Ao mesmo tempo, a produção agrícola declinava constantemente, de 60% do Produto Nacional Brutao (PNB) em 1931, para 32%, em 1942. Mas a imposição do desenvolvimento industrial caminhou de mãos dadas com a política agrícola colonial de aumentar a produção de arroz e, conforme a guerra se voltou contra os japoneses, eles intensificaram cada vez mais a exploração sobre os agricultores mediante o estabelecimento de "cotas", cujo cumprimento os obrigava a pagar do próprio bolso por caros fertilizantes.

Com a derrota do Japão para as Forças Aliadas, em 1945, a Coréia foi libertada depois de mais de quarenta anos de ocupação. Mas a rendição japonesa representou apenas o início de novos problemas desencadeados, de um lado, pelo surgimento dos conflitos ideológicos resultantes da Guerra Fria e, de outro, pelas conseqüências desastrosas da dominação colonial japonesa.

Com o fim da Segunda Guerra Mundial, os Aliados decidiram colocar a Coréia sob a administração das quatro grandes potências — Estados Unidos, Inglaterra, União Soviética e China — e o país foi ocupado por forças militares norte-americanas e soviéticas. Embora os coreanos tenham protestado contra a decisão imposta depois de apenas quatro meses da liberação do governo colonial japonês, a divisão do país foi inevitável em 1948. Na parte ao sul do paralelo 38, até então sob domínio norte-americano, foi estabelecida a República da Coréia e, na parte ao norte daquele paralelo, sob domínio soviético, a Coréia do Norte.

Em 1949, os Estados Unidos e a União Soviética retiraram suas tropas da península e, no final de junho de 1950, sem aviso prévio nem declaração de guerra, tropas da Coréia do Norte cruzaram em massa o paralelo 38 e avançaram sobre toda a parte sul da península que não estava preparada para resistir a um ataque surpresa. A República da Coréia apelou de imediato às Nações Unidas que aprovou uma resolução ordenando a retirada das tropas comunistas para o norte e solicitando às nações membro do Conselho de Segurança apoio militar para a República da Coréia. Tropas norte-americanas e de outras quinze nações expulsaram os comunistas do sul e avançaram em direção ao norte da península, mas foram obrigadas a se retirar para o sul novamente depois de uma intervenção do exército chinês. As negociações para um acordo, iniciadas em 1951, só foram concluídas em 1953 e, como conseqüência da guerra, surgiram no país sérios problemas econômicos, políticos e sociais.

A REFORMA AGRÁRIA DO PÓS-GUERRA E SUAS CONSEQÜÊNCIAS PARA O PAÍS

O moderno sistema agrícola da Coréia foi estabelecido pelo Programa de Reforma Agrária de 1950. Antes da reforma, a propriedade da terra arável era extremamente desigual: só 14% dos agricultores eram proprietários-cultivadores, cerca de 39% da terra arável era cultivada por arrendatários, e um pequeno número de senhores de terras (aproximadamente 4% da população rural) extraía cerca de metade da produção de seus arrendatários como pagamento das rendas.

Logo após seu estabelecimento, em 1948, o governo coreano aprovou uma Lei de Reforma Agrária, em íntima cooperação com o anterior governo militar norte-americano na península. Várias razões permitiram que esta fosse uma das mais completas e bem-sucedidas reformas agrárias no mundo. A instabilidade política e a difusão de idéias comunistas, a disponibilidade de terras deixadas pelos proprietários japoneses repatriados, obstáculos ao aumento da produtividade representados pelo alto valor das rendas e a necessidade de fornecer subsistência para grande número de refugiados foram elementos de particular relevância. As importantes medidas do Programa de Reforma Agrária foram:

1) o governo compraria terras agrícolas de proprietários não cultivadores;
2) o tamanho máximo das propriedades foi estabelecido em 3 hectares — com exceção das fazendas institucionais e plantações perenes — e toda terra que excedesse esse limite deveria ser vendida ao governo;
3) as terras agrícolas vendidas ao governo seriam distribuídas a pequenos agricultores e antigos arrendatários que desejassem continuar cultivando;

4) agricultores que recebessem terras do governo deveriam pagar por elas em cinco anos; e
5) o governo deveria compensar os senhores de terras pelas propriedades perdidas.

Os principais objetivos dessa reforma, aprovada em 1950 e implementada durante um longo período em virtude das perturbações causadas pela Guerra da Coréia, foram de tipo igualitário, limitando o arrendamento e a propriedade e tendo como princípio uma política de dar "a terra para quem a cultiva". Com a implementação da reforma, cerca de 1,5 milhão de camponeses receberam 530 mil hectares de terra, removendo a instabilidade política causada pelo padrão anterior de propriedade. O arrendamento não chegou a ser abolido, mas foi substancialmente reduzido e, como proprietários, os agricultores passaram a ter estímulo para responder à crescente demanda por alimento nas cidades por meio da intensificação do cultivo, aplicação de fertilizantes, expansão da dupla plantação e da produção de frutas e hortaliças.

Nos anos que se seguiram à reforma agrária, a população urbana aumentou rapidamente, crescendo de 11,6%, em 1940, para 24,4%, em 1955, e 28,3%, em 1960. Mas, por volta de 1947, apenas cerca da metade da força de trabalho urbana estava empregada, dado que a Guerra tinha destruído a maior parte das instalações industriais na Coréia do Sul. Neste contexto, uma assistência financeira extremamente necessária foi fornecida pela Agência para a Reconstrução da Coréia do Sul das Nações Unidas e por países membros da Organização das Nações Unidas (ONU), sobretudo os Estados Unidos. A ajuda estrangeira constituiu um terço do orçamento total em 1954, cresceu para 58,4%, em 1956, e caiu para 38% do orçamento em 1960. A Coréia foi o país que mais recebeu alimentos dos Estados Unidos entre 1954 e 1970 e, embora o livre fluxo de grãos doados tenha mantido os preços ao consumidor baixos, também reduziu os incentivos para os agricultores coreanos produzirem grãos.

Na década de 1960, o objetivo da política tornou-se a modernização da agricultura, em particular o incremento da produção e da produtividade de modo a resolver os problemas crônicos da escassez de alimentos e da pobreza rural que vinham restringindo o desenvolvimento econômico. Em 1961, foi criado um Comitê de Planejamento Econômico que lançou um programa de industrialização rápida baseada na exportação, por meio do Primeiro Plano Qüinqüenal de Desenvolvimento Econômico (1962-66).

Durante o Primeiro Plano, com o objetivo de alcançar a auto-suficiência na produção de alimentos, o governo lançou vários programas a fim de aumentar a produção agrícola mediante a expansão das instalações de irrigação. Tais programas exigiam um programa paralelo de consolidação das terras agrícolas em unidades maiores, já que, como conseqüência da Reforma Agrária de 1950, grandes propriedades foram divididas em lotes menores, e o tamanho médio das propriedades (0,9 hectare) dificultava tanto a mecanização quanto os projetos de irrigação. Com esse intuito, foi aprovada a Lei de Projeto de Melhoria de Terras Agrícolas, em 1961, que previa parcerias público-privadas pelas quais projetos desenvolvidos pelo governo eram depois entregues às Associações para a Melhoria de Terras Agrícolas (organizações de agricultores, criadas em 1972) para sua operação e manutenção.

Também em 1961 foi elaborado um programa para suprir de modo adequado os agricultores de crédito institucional, por meio da fusão de duas instituições agrícolas — o banco agrícola e a cooperativa agrícola — em uma "cooperativa agrícola multifuncional". Por intermédio do Mutual Credit Program, essas cooperativas passaram a mobilizar a poupança tanto de agricultores-membros quanto de não membros, como residentes das áreas urbanas, e a fornecer uma crescente quantidade de crédito institucional para que os agricultores membros pudessem fazer diante das necessidades de crédito tanto de sua produção agrícola quanto de seu consumo pessoal. A participação do crédito fornecido por essas instituições nas dívidas dos agricultores cresceu de 31,3% em 1970, para 81,5% em 1990. Do modo semelhante, a dependência dos agricultores em relação ao mercado privado de crédito caiu de 62,5% em 1970, para 8,7% em 1995.

O crescimento durante o Primeiro Plano alcançou 7,8%, mas o setor agrícola não passou de 5,3% ao ano no mesmo período. Apesar da aprovação da Lei Básica da Agricultura em 1967, que priorizou projetos de desenvolvimento de terras e de recursos hídricos, e da Lei de Modernização Rural de 1970, que forneceu os fundamentos legais para os projetos de consolidação das terras, ampliando o transporte rural, proporcionando sistemas de irrigação e fundindo lotes agrícolas fragmentados, a situação piorou durante o Segundo Plano de Desenvolvimento (1967-71), quando o crescimento do setor agrícola só atingiu 2,5%, comparados aos 10,5% da economia geral. Como resultado da execução bem-sucedida dos dois primeiros Planos Qüinqüenais, a diferença entre a renda das famílias do campo e a das da cidade aumentou cada vez mais, de modo que, em 1970, uma família rural recebia cerca de 60% do salário de uma urbana. Os agricultores que tinham menos de um hectare de terra, 67% da população rural à época, ganhavam apenas 50% do salário dos habitantes citadinos.

O aumento na diferença socioeconômica entre os trabalhadores das fábricas e do campo fomentou a migração dos trabalhadores rurais para as cidades e exacerbou os problemas típicos das áreas urbanas. Somados aos problemas nas cidades surgiram problemas também no campo, como a deterioração e a escassez da mão-de-obra rural, já que eram os jovens e mais bem educados que migravam, permanecendo no campo os agricultores anciãos e as mulheres. Consciente da situação, o governo mudou a política no Terceiro Plano Qüinqüenal de Desenvolvimento Econômico (1972-76), enfatizando o equilíbrio entre o crescimento industrial e agrícola e o desenvolvimento dos setores agrícola e pesqueiro como o primeiro de seus três objetivos básicos — os outros dois eram o incremento das exportações e a instalação da indústria pesada.

Mas para o sucesso do plano foi necessário que o povo assumisse uma atitude positiva perante o desenvolvimento e tivesse certeza de que "a prosperidade era possível se houvesse empenho no trabalho e cooperação com os demais". Por isso, foi criado um movimento de massas de caráter nacional com o apoio incondicional da autoridade governamental, *Saemaul Undong* (Movimento de Novas Comunidades), que propunha um esforço integrado para promover a modernização e o desenvolvimento do campo. Os primeiros projetos se destinaram a melhorar as condições de vida das famílias rurais: reparos nas construções e melhorias nas instalações sanitárias. Na etapa seguinte os camponeses foram convencidos da necessidade de se reunir, eleger líderes para o movimento e elaborar projetos de melhoramento do meio ambiente nas aldeias, contribuindo para melhorar a vida no campo: construção de pontes, caminhos, canais de irrigação e condução de águas, armazéns, centros de reunião etc. Na terceira etapa, foram estimulados a empreender projetos que repercutiram de forma mais direta em sua renda pessoal: grupos de trabalho, sementeiras comunais, cultivo de verduras, criação de porcos, galinhas e vacas, plantação comunal de árvores etc.

Os treinamentos para os agricultores, que até o começo da década de 1960 eram de alguns dias, em geral no campo, com a demonstração de programas piloto e encontros de avaliação, também sofreram alterações. A partir de 1973, quando a Administração para o Desenvolvimento Rural (ADR) estabeleceu a Divisão para Treinamento de Agricultores e a Associação de Líderes Rurais construiu o Centro dos Agricultores, foram desenvolvidos vários cursos de treinamento avançado para técnicas agrícolas especializadas e maquinário agrícola.

Outra mudança, a partir da década de 1970, diz respeito à produtividade agrícola. A produção por hectare é o principal indicador da produtividade da terra e, dado que o potencial para aumentar a área cultivada era relativamente limitado — cerca de 67% do território coreano é montanhoso e apenas cerca de 20%, arável —, o aumento na produção por hectare foi possibilitado, sobretudo, por melhorias na terra mediante a expansão da área irrigada e mudanças na quantidade de insumos empregados (fertilizantes) e da introdução de nova variedade de semente de alta produtividade. Além disso, foi aprovada, em 1972, a Lei de Utilização e Conservação das Terras Agrícolas, com o objetivo de proibir a conversão de terras agrícolas em não-agrícolas como conseqüência da crescente urbanização, bem como promover um uso mais eficiente dessas terras através da restrição ao cultivo de plantações perenes. Para tanto, foi desenvolvido um sistema de classificação das terras em "absolutas" e "relativas", sendo que as primeiras não poderiam ser convertidas em não agrícolas.

Em 1976, foi iniciado um mapeamento do solo nas terras cultivadas — concluído em 1987 com o mapeamento das terras em áreas montanhosas —, com o objetivo de melhorar a aplicação de fertilizantes, implementar a agricultura coletiva para algumas plantações, incrementar o uso do solo e a administração da agricultura mediante planejamento. Associado a essa "Revolução Verde", o Movimento *Saemaul* trouxe crescente prosperidade para as cidades e para o campo e proporcionou experiência na solução de problemas na década de 1970.

A ABERTURA ECONÔMICA

Ainda na década de 1880, um dos maiores problemas para o aumento da produtividade agrícola era o tamanho das propriedades (média de 1,3 hectare por família rural). O governo deu início ao Programa de Apoio aos Gastos com Compra de Terras Agrícolas, em 1988, para fornecer fundos aos agricultores por intermédio de cooperativas agrícolas de modo a acelerar a expansão do tamanho das propriedades.

A política agrícola da década de 1980, porém, foi marcada pela liberalização da importação de produtos estrangeiros como meio de estabilizar o fornecimento de bens agrícolas. A migração de trabalhadores rurais para os centros urbanos e a resultante escassez de força de trabalho no campo deram início, na metade dos anos 1970, a uma tendência ao endividamento entre os agricultores. Associadas a uma série de desastres naturais, políticas macroeconômicas desfavoráveis também contribuíram para piorar a situação no início da década de 1980. O governo liberou a importação de alimentos e congelou os preços de compra do arroz para segurar a inflação, reduzindo de modo substancial a renda dos agricultores. Além disso, a desregulamentação dos juros para empréstimos transformou os juros reais para os agricultores de negativos para positivos, aumentando o peso da dívida. Enquanto a renda dos agricultores ficou estática, os gastos com consumo aumentaram regularmente, provocando numerosas falências em comunidades rurais nos anos 1980.

O aprofundamento dessas tendências tornou necessária a introdução de uma série de programas, como o Esquema de Desenvolvimento Rural Integrado (1986), o Esquema de Redução da Dívida Rural e o Esquema de Revitalização da Economia Rural (1987). Em 1988 foi adotado um Sistema de Aprovação Congressional para o Programa de Compra de Arroz do Governo, como meio de garantir a renda dos agricultores e a viabilidade econômica do setor agrícola. Por esse programa, o arroz era comprado dos agricultores por um preço superior ao de mercado e depois vendido aos consumidores a um preço mais baixo. Em contrapartida, requeria-se dos agricultores a adoção de novas tecnologias para melhorar o cultivo, entre elas, o uso de sementes de alta produtividade. Todos os programas agrícolas foram apoiados pela Lei Especial de Reforma Estrutural das Áreas Rurais, em 1987, instituída com o intuito de promover o investimento rural. No mesmo ano, a Medida para Reduzir o Peso da Dívida nas Famílias Rurais — revisada muitas vezes, até o fim de 1989 — substituiu as dívidas do mercado informal por fundos das cooperativas agrícolas, reduziu as taxas de juros e adiou os pagamentos dos empréstimos.

A Coréia aumentou substancialmente seus investimentos na agricultura a partir de 1992, com a Rodada Uruguai do GATT (Acordo Geral sobre Tarifas e Comércio), com o objetivo de melhorar a competitividade de mercado do setor agrícola mediante inovações técnicas e de gestão. A política agrícola mudou do foco em igualdade e apoio ao pequeno agricultor para a ênfase em eficiência e ajuste estrutural e o governo forneceu grandes quantidades de empréstimos de longo e curto prazo para grandes fazendas e jovens agricultores por meio das cooperativas agrícolas. Parte do ajuste estrutural incluiu a substituição do sistema que classificava as terras em "absolutas" e "relativas" por um de Zonas de Promoção Agrícola. A Lei de Terras Agrícolas de 1994 limitou a propriedade da terra agrícola àqueles que a cultivam ou pretendem cultivá-la. A transferência da propriedade só é autorizada mediante verificação da elegibilidade do comprador e seu arrendamento é restrito. O limite ao tamanho das propriedades foi abolido nas Zonas de Promoção Agrícola para encorajar a gestão em grande escala, mas fora dessas zonas permaneceu o teto de 3 hectares (definido pela Reforma de 1950), com a possibilidade de ser estendido para 5 hectares se a autoridade local reconhecer a necessidade de propriedades maiores.

Com o estabelecimento do sistema Organização Mundial do Comércio (OMC) em 1995, a agricultura coreana foi forçada a abrir o mercado, o que deprimiu o setor não só em termos de produtividade agrícola como também de renda dos lares rurais. A crise da moeda de 1997 veio complicar ainda mais a situação atingindo de modo severo o setor e forçando o governo a projetar uma medida a fim de resolver o problema da dívida rural em 1998: adiamento do pagamento dos empréstimos por dois anos, redução das taxas de juros e fornecimento de empréstimos especiais de médio prazo para agricultores com problemas de liquidez. Em 1999 e 2000, somou-se a essas medidas, consideradas insuficientes, a substituição pelo governo dos empréstimos com garantias privadas por empréstimos com garantias públicas, pela Lei Especial para Redução das Dívidas das Famílias Agrícolas e Pesqueiras (2000). Revisada em 2002, a Lei permitiu aos agricultores o pagamento dos empréstimos de médio e longo prazo ao longo de vinte anos, incluindo um período de carência de cinco anos, as taxas de juros dos empréstimos foram reduzidas de 5 para 1,5% e o governo forneceu empréstimos adicionais para substituir os Empréstimos do Crédito Comunal.

Embora todas essas medidas tenham permitido a redução do peso das dívidas da maioria dos agricultores e contribuído para estabilizar as comunidades rurais, é difícil que o problema da dívida rural seja resolvido sem que haja suficiente aumento da renda. As barreiras à importação de produtos agrícolas tendem a ser reduzidas cada vez mais e o tamanho das propriedades coreanas ainda é muito pequeno para poder competir com as de produtores estrangeiros. Há quem defenda que o governo prossiga com os ajustes estruturais na agricultura, mantendo a ênfase na escolha de uma estratégia de apoio a uma pequena elite de agricultores com potencial para competir no mercado externo. Mas a velocidade do ajuste estrutural tem afetado tão negativamente o setor agrícola que há dúvidas quanto à capacidade de resistência das comunidades rurais.

CONCLUSÃO

Quando, na década de 1970, o avanço da industrialização confrontou o governo coreano com a escolha entre abandonar a política de auto-suficiência na produção de arroz ou mantê-la a qualquer custo, a opção escolhida foi a última. No entanto, em 2004, a população rural empregada na agricultura representava menos de 8% da população total, comparados com mais de 55%, em 1965, e 21%, em 1985. Além disso, mais de 50% da renda das famílias rurais é atualmente derivada de atividades não agrícolas. Mas apesar da importância cada vez menor da agricultura na economia coreana, o setor ainda é responsável pela subsistência de uma parcela significativa da população.

O problema com o qual se defronta o governo coreano agora é decidir se o custo político da proteção da agricultura é compensado pelos seus benefícios. A Coréia tem enfrentado crescente pressão de países estrangeiros por maior liberalização econômica. No âmbito doméstico a população urbana também começa a se ressentir de arcar com os custos (na forma de altos preços pelos alimentos) da paridade de renda entre os trabalhadores urbanos e rurais. Aparentemente, a sobrevivência do setor agrícola na Coréia depende não só da capacidade das políticas do governo para aumentar a competitividade do setor como também da capacidade da população para tolerar os prejuízos socioeconômicos inerentes ao processo de reestruturação.

3
O CASO DAS FILIPINAS

INTRODUÇÃO

As explicações para a existência de trabalhadores sem-terra diferem na Ásia e na América Latina. Nos países asiáticos, a pressão demográfica e a escassez de terras são claramente fatores dominantes; na América Latina, os sem-terra parecem ser mais o resultado de arranjos institucionais de tipo oligárquico ou "feudais" e da concentração da propriedade da terra. Ambos os fatores parecem operar nas Filipinas. Enquanto a pressão demográfica é a força principal nas áreas de colonização mais antiga, como nos casos asiáticos, uma grande população de trabalhadores sem-terra é um produto de monopólios institucionais associados à concentração da propriedade nas áreas de terras mais abundantes onde o desenvolvimento agrícola seguiu um padrão similar ao de países latino-americanos.

A experiência histórica das Filipinas como colônia tanto da Espanha quanto dos Estados Unidos, bem como os desenvolvimentos recentes do período do pós-guerra, contribuíram para a criação de uma estrutura agrária distinta da de seus vizinhos asiáticos. A distribuição extremamente desigual tanto da posse da terra quanto da propriedade operacional e a coexistência de fazendas de pequenos camponeses e grandes "plantations" não são típicas da Ásia; antes lembram a situação em países latino-americanos. O recente surgimento de grandes "plantations" similares àquelas predominantes na América Latina em áreas recém-colonizadas, combinadas à agricultura de pequenas propriedades em áreas de colonização mais antiga, criou uma estrutura agrária que poderia ser enquadrada em uma categoria intermediária, entre os modos asiático e latino-americano. A combinação peculiar resultou em disputas sobre terra e relações de trabalho manifestas na longa história de conflitos agrários no país.

Embora transformações estruturais significativas tenham ocorrido recentemente, a agricultura continua a ser um importante setor da economia filipina. Entre 1960 e 1980, enquanto a participação da agricultura no

PNB declinou de 30 para 26%, o setor ainda empregava metade da força de trabalho total. A absorção da força de trabalho no setor industrial foi limitada pela natureza intensiva do investimento de capital na industrialização da década de 60. Ao mesmo tempo, o rápido crescimento na força de trabalho agrícola tem pressionado os escassos recursos de terra. A força de trabalho expulsa do setor agrícola tem sido absorvida sobretudo pelo setor de serviços. Em contraste com a permanente importância da agricultura como fonte de emprego, seu papel como fonte de divisas estrangeiras tem diminuído rapidamente. Em 1960, a agricultura representava quase 90% de toda a renda da exportação; em 1980, contribuiu com apenas 40%.

O rápido crescimento econômico da década de 70 foi acompanhado de crescente desigualdade. A distribuição de renda não melhorou porque o crescimento rápido não foi acompanhado de mudanças estruturais suficientes, melhorias na produtividade e transformações no trabalho que poderiam ter levado a aumentos sustentados nos salários reais e na renda da força de trabalho. Com uma distribuição de propriedade altamente desigual e baixa absorção da força de trabalho na indústria, o crescimento econômico por si só não conseguiu melhorar a posição relativa da renda dos trabalhadores. A distribuição desigual da posse da terra aumenta a probabilidade de que o próprio processo de crescimento agrícola exacerbe a desigualdade. Os benefícios da adoção de novas tecnologias e investimentos em irrigação e infra-estrutura de mercado tendem a ser capitalizados em crescentes valores da terra, para benefício e vantagem dos atuais proprietários sob condições de rápido crescimento da oferta de força de trabalho e da demanda de alimentos. Além disso, a estratégia de desenvolvimento do pós-guerra concentrou investimentos principalmente nas áreas urbanas, resultando em diferenciais de produtividade e renda entre os setores urbano e rural. Esse diferencial crescente é devido, em parte, à deterioração dos termos de troca agrícolas, mas também à queda na renda real dos trabalhadores agrícolas. Uma vez que o nível de renda da população agrícola é substancialmente mais baixo do que o da população não agrícola, não surpreende que três quartos das famílias na faixa dos 30% mais pobres sejam agrícolas.

O DOMÍNIO ESPANHOL

A sociedade filipina anterior à conquista espanhola, durante o século XVI, consistia de pequenas comunidades, ou *barangay* — termo referente ao barco em que migrantes malaios velejaram para as ilhas Filipinas. Os migrantes estabeleceram-se ao longo das áreas costeiras e margens fluviais e, para sua subsistência, dependiam sobretudo da cultura do arroz. Embora nenhum consenso tenha sido estabelecido quanto à estrutura social do *barangay*, aparentemente as diferenças de classe já existiam antes da conquista espanhola. Tipicamente, o *barangay* consistia de chefes (*datu*), homens livres (*timaua*), servos ou trabalhadores braçais (*aliping namamahay*) e escravos (*aliping saguiguilid*). Os escravos viviam em geral em áreas fornecidas por seus senhores e trabalhavam sob sua supervisão direta, mas os servos, cujo *status* se baseava em especial na sua condição de devedores, viviam em suas próprias casas e entregavam aos senhores a produção de metade da terra por eles cultivada.

A propriedade da terra era comunal, uma vez que o *barangay* tinha direito a um território, e famílias individuais tinham direito de usufruto sobre parcelas específicas de terra enquanto as ocupassem. Uma vez que a terra era abundante e a população escassa, os direitos de usufruto podiam ser obtidos por um membro da comunidade sobre a quantidade de terra que ele pudesse cultivar com o trabalho de sua família e de seus dependentes. A fonte da riqueza e do poder era o controle sobre a força de trabalho, não sobre a terra. A economia estava em um estágio anterior àquele em que o estabelecimento de direitos de propriedade privada da terra eram requeridos para a eficiente alocação de recursos.

O primeiro registro europeu da existência dos filipinos se deu em março de 1521, durante a circunavegação do globo feita por Fernão de Magalhães, que aportou em Cebu, reclamando a terra para Carlos I da Espanha. A Coroa espanhola enviou diversas expedições ao arquipélago nas décadas seguintes, mas uma colônia espanhola só foi permanentemente estabelecida em 1565. A política espanhola para as Filipinas, sua única colônia na Ásia, tinha três objetivos: adquirir uma participação no comércio de especiarias, desenvolver contatos com a China e o Japão com vistas a promover esforços missionários cristãos na região e converter os filipinos ao cristianismo. Igreja e Estado estavam inseparavelmente conectados na implementação da política espanhola, e o Estado assumia a responsabilidade administrativa financiando as despesas e selecionando pessoas para os novos estabelecimentos eclesiásticos. A responsabilidade pela conversão da população nativa ao cristianismo ficava a cargo de várias ordens religiosas: dominicanos, franciscanos, agostinianos e jesuítas.

Entre as mudanças mais significativas e permanentes introduzidas pelos espanhóis esteve a substituição da idéia filipina de posse e uso comunal da terra pelo conceito de propriedade privada e individual. Eles aplicaram às Filipinas o mesmo princípio instituído a outros novos territórios — o de que todas as terras, com exceção das que tivessem provas oficiais de serem privadas ou de posse comunal, pertenciam à Coroa espanhola. Desse modo, os direitos de propriedade da Coroa foram estabelecidos sobre grandes áreas de terras não cultivadas, incluindo muitos dos territórios *barangay*. Mais tarde, isso forneceu uma base para o estabelecimento de grandes domínios privados, mediante a concessão e compra de domínios reais.

Ordens monásticas, como a dos monges agostinianos, adquiriram grandes propriedades de terra no início do regime espanhol.

Os espanhóis tiveram o cuidado de não perturbar a organização tradicional das comunidades *barangay* e utilizaram-nas para comandar os nativos. *Datu* e outras famílias proeminentes, ou *caciques*, como eram chamados pelos espanhóis, recebiam a incumbência de coletar impostos, organizar serviços de trabalho compulsório e administrar a justiça no âmbito local. A introdução da noção de direitos de propriedade privada da terra também proporcionou à elite nativa a oportunidade de usurpar terras comunais. Os *caciques* com freqüência adiantavam crédito a homens livres para o pagamento de impostos e, se eles faltavam com o pagamento, reclamavam tanto terra quanto trabalho dos devedores. Nesse processo, a condição dos servos devedores — um arranjo entre *datu* e *aliping namamahay* — se transformou em um arranjo de colheita partilhada (*sharecropping*) entre proprietários e arrendatários — ou *kasamahan*, uma palavra Tagalog que significa "parceria".

Tal transformação progrediu lentamente nos primeiros duzentos anos do regime espanhol. Em Manila, lucros enormes oriundos do monopólio do comércio de reexportação de mercadorias chinesas para o México resultaram na negligência da necessidade de desenvolver produtos filipinos para o mercado exportador. Como a demanda tanto doméstica quanto estrangeira por produtos agrícolas era limitada, a terra continuou a ser um recurso relativamente abundante e incentivos para acumulá-la permaneceram limitados.

Em 1762, a Espanha envolveu-se na Guerra dos Sete Anos (1756-63) aliando-se à França contra a Grã-Bretanha e, como retaliação, forças britânicas capturaram Manila em 1762. O Tratado de Paris de 1764 devolveu o território aos espanhóis, mas a ocupação britânica marcou o início do declínio do domínio espanhol: a abertura de Manila e de outros portos ao comércio e a carregamentos estrangeiros resultou em um vigoroso aumento na demanda por colheitas comerciais, como açúcar, índigo e tabaco. Somada a esses eventos, a liberalização do comércio no fim do século XVIII e início do século XIX resultou em uma expansão da demanda externa por produtos filipinos. A terra arável tornou-se um fator escasso, o que estimulou as elites locais a estabelecer direitos exclusivos sobre seu uso. Isso forneceu o ímpeto para a ascensão da prática de arrendamento da terra (*landlordism*) na Luzon Central e o desenvolvimento das "plantations" de culturas de exportação (*cash-crops*) em outras partes do arquipélago.

Os efeitos da liberalização do comércio e do aumento da demanda estrangeira por produtos agrícolas filipinos não se restringiam à região central de Luzon. Na verdade, o desenvolvimento da economia de exportação levou à especialização regional da produção agrícola em um esforço do governo espanhol para estabelecer um monopólio sobre o controle da produção de exportação. O monopólio do tabaco na região de Ilocos, por exemplo, foi uma das principais fontes de renda do governo. Antes disso, as pessoas cultivavam seu próprio tabaco e vendiam-no ou consumiam-no como quisessem. Depois da instituição do monopólio, no entanto, o cultivo e a venda do tabaco passaram a ser supervisionados pelo governo por um sistema estritamente forçado de cotas de produção e venda obrigatória de toda a produção para o governo. Do mesmo modo, o controle governamental da indústria de fibra de bananeira foi institucionalizado em Bicol. Por trás de tais esforços para estabelecer o controle governamental sobre as culturas de exportação estava, em parte, o desejo de se contrapôr à crescente dominação da atividade comercial por parte dos chineses no mercado doméstico, e dos britânicos e norte-americanos no mercado internacional. Em 1849, as autoridades espanholas delegaram a uma ordem religiosa franciscana a tarefa de estabelecer um monopólio de açúcar na ilha de Negros. A tentativa falhou por causa da falta de capital.

O vice-cônsul britânico nas Filipinas, Nicholas Loney, freqüentemente é responsabilizado pela catalisação do desenvolvimento da indústria açucareira na ilha de Negros. Antes do surgimento dessa indústria, o principal produto exportado pela região eram têxteis de Iloilo. Mas a entrada de tecidos britânicos baratos desestruturou a indústria local, estimulando uma mudança para outras atividades. Coincidentemente, o vice-cônsul britânico estava procurando produtos filipinos que pudessem ser usados como carga de retorno para a Grã-Bretanha, a fim de reduzir os custos dos carregamentos e o açúcar pareceu uma boa opção. Reconhecendo o potencial dessa indústria em Negros, dada sua condição agroclimática favorável, Loney estabeleceu uma casa comercial em 1857 e mediante a importação de novas variedades de cana, a introdução de um novo tipo de fornalha que utilizava o bagaço da cana como combustível e, sobretudo, a importação de equipamentos de moenda mais avançados, transformou a natureza do cultivo do açúcar, antes praticado por pequenos proprietários. Os preços mais altos do açúcar entre 1850 e 1860 induziram uma mudança para a monocultura da cana, que substituiu os têxteis como o principal produto de exportação da região. Os preços da terra aumentaram, mas a abundância de terras férteis e desocupadas ao longo da costa noroeste da ilha permitiu a rápida expansão da produção.

A abundância de terra e a relativa escassez de mão-de-obra na ilha de fronteira de Negros abriram caminho para a emergência de uma estrutura agrária dominada por grandes propriedades que empregavam trabalhadores contratados. A relação paternalista entre proprietários e trabalhadores, por meio do fornecimento de crédito de consumo e outras formas de auxílio, ainda existiam, mas de forma limitada. A especialização dos trabalhadores em tarefas específicas sob a hierarquia de um sistema de "plantation" centralmente administrado, com amplo uso de punição para forçar o trabalho, criou conflitos de classe nas fazendas açucareiras de Negros mais exacerbados do que os registrados nos arrozais da Luzon Central, que mantinham um sistema de arrendamento mais descentralizado.

O DOMÍNIO NORTE-AMERICANO

A dominação espanhola nas Filipinas chegou ao fim como resultado do envolvimento norte-americano com outra importante colônia espanhola: Cuba. Interesses comerciais norte-americanos, ansiosos por uma resolução da insurreição iniciada em Cuba em 1895, contribuíram para a declaração de guerra à Espanha em 1898, com o envio de uma esquadra às Filipinas com ordens de destruir a frota espanhola ancorada na baía de Manila. No fim desse mesmo ano foi assinado o Tratado de Paris, pelo qual a Espanha cedia as Filipinas, Guam e Porto Rico aos Estados Unidos (Cuba tornou-se independente), em troca de um pagamento de 20 milhões de dólares.

Durante a primeira fase do domínio norte-americano sobre as Filipinas, 1898-1935, o presidente McKinley designou duas Comissões (Schurman e Taft) para investigar as condições nas ilhas e fazer recomendações, definindo a missão colonial norte-americana como a de preparar as Filipinas para a independência: ampliar as instituições representativas, expandir um sistema de educação elementar pública e projetar políticas econômicas para promover o desenvolvimento das ilhas. A Lei Orgânica Filipina de 1902 pôs fim à Igreja Católica como religião de Estado. A Igreja concordou em vender os domínios das ordens religiosas e, em 1904, a administração comprou por 7,2 milhões de dólares a maior parte das propriedades das ordens religiosas e vendeu-as a filipinos, alguns arrendatários, mas a maior parte deles proprietários de terras.

A Comissão Taft, designada em 1900, via o desenvolvimento econômico, bem como a educação e o estabelecimento de instituições representativas, como os três pilares do programa norte-americano de tutelagem. Seus membros tinham planos ambiciosos de construir estradas e ferrovias, melhorar os portos, abrir mercados maiores para os bens filipinos por meio da redução ou da eliminação de tarifas e estimular o investimento estrangeiro em mineração, madeireiras e culturas de exportação. Em 1901, cerca de 93% da área total das ilhas eram terras públicas, e esperava-se que parte dessa área pudesse ser vendida a investidores norte-americanos. Mas esses planos foram frustrados por poderosos interesses agrícolas no Congresso norte-americano, temendo competição com o açúcar, o tabaco, o óleo de coco e outros produtos filipinos. Embora Taft tenha tentado obter termos mais liberais, o Congresso norte-americano, pela Lei de Terras de 1902, estabeleceu um limite de 16 hectares de terras públicas filipinas para serem vendidos ou arrendados a indivíduos norte-americanos e 1.024 hectares para corporações norte-americanas. Essa lei e mercados financeiros estritos nos Estados Unidos desencorajaram o desenvolvimento de "plantations" em larga escala de propriedade de estrangeiros como as que estavam sendo estabelecidas na Malásia britânica, nas Índias Orientais holandesas e na Indochina francesa.

A Comissão Taft argumentou que um alívio nas tarifas era essencial para o desenvolvimento das ilhas e, em 1909, o Congresso aprovou a Lei de Tarifas Payne Aldrich que possibilitava a entrada livre nos Estados Unidos de todos os produtos filipinos com exceção de arroz, açúcar e tabaco. As importações de arroz estavam sujeitas a tarifas regulares e cotas foram estabelecidas para o açúcar e o tabaco. Em 1913 a Lei de Tarifas Underwood removeu todas as restrições. O principal resultado dessas leis foi tornar as ilhas cada vez mais dependentes dos mercados norte-americanos: entre 1914 e 1920, a porção de exportações Filipinas com destino aos Estados Unidos cresceu de 50 para 70%. Em 1939 já havia atingido 85% — e 65% das importações vinham dos Estados Unidos.

A natureza limitada da intervenção norte-americana na economia e a dominância da elite filipina sobre o sistema político asseguraram que o *status quo* nas relações entre proprietários e arrendatários seria mantido, mesmo se certos aspectos tradicionais mudassem. Uma tentativa do governo de estabelecer colônias (*homesteads*) seguindo o modelo daquelas do oeste norte-americano, em 1903, pouco mudou as modalidades da posse de terras. Embora as diferentes regiões do arquipélago tivessem seus arranjos específicos e diferentes proporções de arrendatários e pequenos proprietários, o sistema de *Kasama* (colheita partilhada) era o mais adotado, em particular nas áreas de cultivo de arroz na Luzon Central e nas ilhas Visayan. Por meio da *Kasama*, os proprietários forneciam a semente e o dinheiro necessários para ajudar os cultivadores (*sharecroppers*) durante a estação de plantio, ao passo que esses forneciam ferramentas e animais de trabalho e eram responsáveis por metade das despesas da produção. Geralmente, proprietário e cultivador ficavam cada um com metade da colheita, embora só depois que o primeiro deduzisse uma parte em nome das despesas. Os termos podiam ser mais liberais nas áreas de fronteira, onde os proprietários precisavam atrair cultivadores para limpar a terra. Às vezes, os arranjos de arrendamento da terra tinham três camadas: um proprietário original arrendaria a terra para um inquilino, que depois a arrendaria para *kasama*.

Com freqüência, os cultivadores estavam bastante endividados, já que eram dependentes de adiantamentos feitos pelo proprietário ou inquilino e tinham de pagar altas taxas de juros. O sistema de *Kasama* criou uma classe de serviçais e servos; crianças herdavam as dívidas de seus pais e, por gerações, as famílias estavam atadas por dívidas a seus domínios. Em geral, os contratos não eram registrados por escrito, e os proprietários podiam mudar as condições a seu bel-prazer.

O caso das Filipinas

Dois fatores levaram a uma piora na condição dos cultivadores. Um foi o rápido crescimento demográfico no país (de 7,6 milhões de pessoas em 1905 para 16 milhões em 1939), resultado de grandes melhorias na saúde pública aumentando a pressão sobre a terra, reduzindo o padrão de vida e criando um excesso de força de trabalho. Estreitamente ligado ao aumento populacional esteve a erosão das relações tradicionais entre patrão e cliente. A relação entre proprietário de terras e arrendatários tornou-se mais impessoal e o interesse do primeiro no bem-estar do segundo começou a esmorecer. Os proprietários deixaram de fornecer importantes serviços e começaram a usar seus lucros da venda de culturas de exportação para sustentar seu estilo de vida urbano ou para investir em outros negócios.

Enquanto a área sob cultivo cresceu de 1,3 milhão de hectares em 1903 para 4 milhões de hectares em 1935 — sob forte estímulo do crescimento populacional e da demanda norte-americana por culturas de exportação —, a prática de arrendamento também aumentou. Em 1918, havia cerca de 2 milhões de fazendas, das quais 1,5 milhão eram operadas por seu proprietários; já em 1939 esse número tinha caído para 1,6 milhão e 800 mil, respectivamente, enquanto proprietários individuais se tornaram arrendatários ou trabalhadores migrantes. As disparidades na distribuição da riqueza aumentaram e em 1939 os 10% mais ricos da população recebiam 40% de toda a renda das ilhas. A elite e os cultivadores estavam separados geográfica, cultural e economicamente; com o surgimento de novos centros urbanos, a elite praticamente deixou o campo para constituir um significativo universo de proprietários ausentes, deixando a administração de seus domínios nas mãos de supervisores abusivos.

A tradição de revolta rural (com freqüência com tons messiânicos), já existente sob o domínio espanhol, continuou sob o regime norte-americano. A tensão era maior na Luzon Central, onde a prática de arrendamento estava mais difundida e a pressão demográfica era maior. Durante a década de 1930, os movimentos de arrendatários na Luzon Central se tornaram mais ativos, articulados e mais bem organizados. Com o aprofundamento da depressão econômica e o colapso nos preços das culturas de exportação, as greves de arrendatários e os confrontos violentos com proprietários, seus supervisores e a Guarda Filipina cresceram de modo vertiginoso. Na tentativa de conter as revoltas, o presidente Quezon lançou o programa "Justiça Social", que incluía a regulação das rendas a serem pagas. Mas o programa obteve parcos resultados em virtude da insuficiência de fundos para a realização do programa e da sabotagem de sua implementação no âmbito local por proprietários e funcionários municipais. Em 1939-40, milhares de cultivadores foram despejados por proprietários porque insistiam na aplicação de uma lei de 1933 que garantia parcelas maiores da produção aos arrendatários.

A INDEPENDÊNCIA

Com o fim da Segunda Guerra Mundial e o advento da independência, a maioria das áreas rurais, em particular na Luzon Central, era um barril de pólvora a ponto de explodir. A ocupação japonesa (1942-45) tinha apenas adiado a pressão dos agricultores por melhores condições. As tensões cresceram quando os proprietários que fugiram para as áreas urbanas durante a ocupação retornaram às vilas no fim de 1945, exigindo rendas e empregando a polícia militar ou suas próprias milícias para tanto. Alimentação e outros bens eram escassos e a guerra aumentara as animosidades entre a elite, que em sua maioria apoiou os japoneses, e os arrendatários que, tendo sentido o pior do domínio japonês, haviam tomado parte na guerrilha de resistência. O principal elemento de resistência na área central de Luzon havia sido fornecido pelos *Huk–Hukbalahap*, Exército Antijaponês do Povo, organizado no início de 1942, que armou cerca de 30 mil pessoas e estendeu seu controle sobre grande parte da região. Embora tenha havido tentativas de dispersar e desarmar os *Huk* em 1945, muitos deles fugiram para as montanhas ou esconderam suas armas e continuaram ativos, ligados a grupos urbanos de esquerda e sindicatos, sobretudo ao emergente Sindicato Nacional Camponês.

Desde o início, o governo considerou o movimento *Huk* instigado por comunistas; no entanto, o principal ímpeto da rebelião era o descontentamento camponês. Os fatores principais eram os deslocamentos causados pela guerra e os contínuos conflitos entre proprietários e arrendatários, nos quais o governo defendia ativamente os primeiros. A maioria dos agricultores tinha pouco interesse ou conhecimento sobre o socialismo e queria apenas melhores condições, não redistribuição de terras ou coletivização. A relação proprietário-arrendatário em si não era desafiada, apenas seu caráter mais explorador e impessoal do período contemporâneo. A partir de 1951, contudo, o ímpeto começou a diminuir. Entre as razões estão a falta de treinamento e as atrocidades cometidas por alguns dos rebeldes, bem como a melhor qualidade das forças filipino-americanas e a política mais conciliatória adotada pelo governo Quirino.

Em 1953, Ramon Magsaysay, membro do Congresso e veterano de uma unidade não-*Huk* de guerrilha durante a guerra, foi nomeado candidato presidencial do Partido Nacionalista e venceu Quirino com quase dois terços dos votos. No campo, ele deu início a uma série de projetos de pequena escala e alta visibilidade, como a construção de pontes, estradas, canais de irrigação e poços artesianos; o estabelecimento de cortes especiais para disputas entre proprietários e arrendatários; serviços de extensão agrícolas; e crédito para os agricultores. O Corpo de Desenvolvimento Econômico assentou cerca de 950 famílias em terras compradas pelo governo em Mindanao. Nos anos que se seguiram, esse programa promoveu de várias formas o assentamento de pessoas pobres do norte cristão em áreas tradicionalmente muçulmanas, o que, embora tenha aliviado a pressão demográfica no norte, também exacerbou as hostilidades de séculos entre muçulmanos e cristãos. A captura e a morte de líderes *Huk*, a dissolução de seus comitês regionais e a rendição de seu principal líder em 1954, marcaram o fim da ameaça *Huk*.

OS PROGRAMAS DE REFORMA AGRÁRIA E SUAS CONQUISTAS

A maioria dos programas de reforma agrária nas Filipinas tem focalizado os arrendatários e o reassentamento em terras públicas, com a legislação sobre o assunto sendo proposta por quem quer que seja o presidente, em geral, para manter a estabilidade política.

As iniciativas de reforma agrária no início da administração norte-americana foram motivadas pela conexão entre conflitos agrários e o padrão de propriedade fundiária herdado do regime colonial espanhol. O primeiro passo do regime colonial norte-americano foi a expropriação das terras das ordens religiosas. Outra iniciativa foi o reassentamento de arrendatários em terras públicas, mas essa política não foi apenas mal-sucedida como também promoveu conflitos agrários, dado que, em uma sociedade com altos níveis de analfabetismo, as pesquisas cadastrais e o registro de terras criaram oportunidades para a apropriação indevida de terras. Também foram adotadas medidas para regulamentar os contratos de arrendamento, visando a proteger os arrendatários contra os abusos dos proprietários.

No período de República pré-Independência, o presidente Quezon manteve muitas das políticas agrárias do regime norte-americano: regulação das relações entre proprietários e arrendatários, leis antiusura, assentamentos para os sem-terra, emissão de patentes para colonos em terras públicas cultiváveis e fornecimento de fundos para a aquisição de grandes propriedades a serem revendidas a arrendatários. As compras de terra por parte do governo continuaram depois da Segunda Guerra Mundial, mas, em 1950, uma missão do governo norte-americano — Missão Bell — constatou que a questão agrária permanecia problemática e recomendava um programa mais agressivo de redistribuição de terras. As recomendações, no entanto, não ameaçaram de modo significativo os interesses da elite proprietária que era financeiramente assistida pelos Estados Unidos. Foi nesse período que as rebeliões *Huk* ganharam força.

O viés favorável ao reassentamento, no lugar da redistribuição de terras, prevaleceu no governo Quirino, que não via a reforma agrária como uma cura para os conflitos no campo, em especial depois que as guerrilhas *Huk* foram desmanteladas. Os Estados Unidos, contudo, consideravam a reforma agrária redistributiva necessária para atingir a estabilidade política no setor rural, opinião reforçada pela eleição de Ramon Magsaysay para presidente em 1953.

Após a rebelião *Huk*, o governo norte-americano, envolvido na Guerra Fria com a União Soviética, pressionou o governo filipino a realizar reformas sociais como condição para o recebimento de ajuda. Entre as medidas recomendadas, constava uma reforma agrária envolvendo abolição do arrendamento partilhado, estabelecimento de propriedades familiares operadas pelos agricultores e práticas de arrendamento mais justas. As recomendações causaram muita controvérsia, ao negar a eficácia da política tradicional de reassentamento e advogar uma reforma agrária redistributiva com a expropriação de propriedades acima de 40 hectares. Embora tais recomendações não tenham sido seriamente consideradas nos âmbitos administrativo e legislativo, abriram caminho para uma reforma agrária modificada, mas ainda assim radical, sob o governo de Magsaysay, pela Lei de Arrendamento Agrícola, de 1954, e da Lei de Reforma Agrária, de 1955. A primeira visava a assegurar práticas de arrendamento justas e a segunda a expropriar e redistribuir grandes domínios mediante o estabelecimento da Administração da Posse de Terras. Em razão da resistência de proprietários, da ineficiência administrativa e do apoio financeiro inadequado, contudo, a área total expropriada pela Administração em seus primeiros seis anos foi inferior a 20 mil hectares.

O Código de Reforma de Terras Agrícolas, promulgado em 1963, no governo de Diosdado Macapagal, representou grande avanço na legislação de reforma agrária com o objetivo de atingir estabilidade social e progresso econômico ao emancipar camponeses da servidão feudal. O presidente Macapagal via a reforma agrária como uma medida crítica na prevenção da infiltração comunista no meio rural, um perigo potencial dada a crescente tensão no Sudeste Asiático associada ao início da Guerra do Vietnã. Sua política de reforma agrária foi apoiada pela classe industrial urbana fomentada pela política de industrialização e substituição de importações deflagrada no início da década de 1950. O interesse do comércio e da indústria urbana estava refletido na cláusula do código que previa que um dos objetivos da reforma era desviar capital dos proprietários de terras para o desenvolvimento industrial.

Uma das grandes diferenças do Código de Reforma de Terras Agrícolas em relação a leis anteriores era que a reforma agrária era considerada um dos principais meios de aumentar a produtividade rural. A ênfase na reforma da posse da terra como meio de aumentar a produtividade rural refletia a necessidade do comércio e da indústria de assegurar o fornecimento de alimentos baratos para os trabalhadores urbanos de modo a manter baixos o custo de vida e os salários. Para obter esse aumento de produtividade, o código criava a Administração de Crédito Agrícola e a

Comissão de Produtividade Agrícola, para fornecer, respectivamente, crédito e serviços técnicos de extensão a pequenos agricultores.

O ponto principal do código foi o estímulo ao cultivo pelos proprietários (*owner-cultivatorship*) nos arrozais e milharais através de duas operações: 1) "Operação Leasehold", que convertia o arrendamento partilhado em arrendamento de *leasing* com rendas fixas de 25% da colheita média nos três anos anteriores à Operação; e 2) "Operação de Transferência de Terras", que transferia a propriedade da terra aos arrendatários. Nesta, o governo expropriava terra que excedia o limite de 75 hectares, compensando os proprietários com 10% do valor da terra em dinheiro e o restante em títulos do Banco da Terra, sem juros, conversíveis em dinheiro. A terra era então revendida aos arrendatários por meio de pagamentos anuais em até 25 anos. Mas a aplicação geográfica do código era limitada e ele próprio era falho, permitindo evasões pela transformação do uso da terra ou da transferência da propriedade para membros da família. A lei também excluía as terras plantadas com cana-de-açúcar e coco, bem como frutas e outros cultivos.

O GOVERNO MARCOS E A LEI MARCIAL

Quando chegou ao poder, em 1966, o presidente Ferdinand Marcos não implementou o programa de seu predecessor nem introduziu um novo programa. Foi o Congresso quem aprovou nova lei de reforma agrária como conseqüência direta da onda de protestos de agricultores, apoiados por um movimento de trabalhadores e estudantes altamente politizado, em 1971. O Código de Reforma Agrária criava o Departamento de Reforma Agrária (DAR) e declarava toda a região das Filipinas como área de reforma agrária, criando provisões para a conversão automática do arrendamento em arrendamento de *leasing* em todas as áreas — de fato, isso tornava o arrendamento partilhado ilegal. Além disso, o limite de terra a ser retida pelos proprietários baixou de 75 para 7 hectares, foram impostas regulamentações para controlar as taxas de juros e a venda de animais e implementos agrícolas, bem como para impedir a conversão de terras agrícolas a outros usos.

Apesar da resposta positiva do Congresso à mobilização camponesa de 1971, o regime de Lei Marcial foi imposto por Marcos em setembro de 1972 sob o argumento de que somente com a abolição do Congresso e a emissão de decretos presidenciais a reforma agrária poderia ser genuinamente levada a termo. Nos primeiros anos da Lei Marcial, foi dada grande proeminência à reforma agrária como uma resposta natural do governo Marcos à crise política que precipitou a própria declaração da Lei Marcial — a pretensa tentativa de assassinato do ministro da Defesa, Enrile, que coroou a crescente onda de violência e desrespeito à lei. Cinco dias após sua proclamação, Marcos promulgou um decreto presidencial (DP) declarando o país inteiro área de reforma agrária. Um mês depois, foi publicado outro DP (número 27), que tornava os arrendatários em arrozais e milharais os supostos proprietários (*deemed owners*) das terras que estivessem cultivando e estabelecia um sistema pelo qual alguns arrendatários podiam começar a comprar suas terras em prestações, enquanto outros, que permaneciam arrendatários, seriam transferidos do arrendamento partilhado para o arrendamento de *leasing* com rendas fixas.

Em princípio o DP 27 representou grande melhora em relação a leis anteriores. Todos os arrendatários de arroz e milho cujos proprietários tivessem mais do que 7 hectares tinham o direito de comprar as terras que cultivavam por um preço que representava 2,5 vezes o valor da produção anual média, pagável ao Banco da Terra em quinze anos, com juros anuais de 6%. Os proprietários deveriam receber 10% em dinheiro e o restante em títulos do Banco da Terra. Cada arrendatário beneficiário tinha o direito de comprar uma porção da terra do proprietário constituindo uma propriedade de tamanho adequado para uma família, em um máximo de 3 hectares de terra irrigada e 5 de terra não irrigada. Quando o arrendatário terminasse de pagar as prestações, ele receberia o título de propriedade — uma Patente de Emancipação — transferível exclusivamente a seus herdeiros. Antes disso, o arrendatário elegível receberia um "Certificado de Transferência de Terra" identificando sua área cultivada e prometendo-lhe o direito de comprá-la. Aos proprietários era permitido conservar 7 hectares, nos quais só era permitido o arrendamento de *leasing* com contrato de renda fixa, sujeita ao teto oficial de 25% da produção média, menos os custos das sementes, colheita, debulha, carregamento, transporte e processamento nos três anos "normais" anteriores à implementação da reforma. Dada a falta de registros sobre a produção, os acordos entre arrendatários e proprietários variavam grandemente e eram, em geral, resultado de um meio-termo em que os proprietários desfrutavam de larga vantagem. Eles contavam ainda com certo poder coercitivo sobre os arrendatários por seu controle sobre água, crédito, marketing da produção e suplementos agrícolas.

Em termos de área absoluta atingida, a Operação de Transferência de Terras nas Filipinas foi comparável em abrangência à da coberta na Coréia do Sul. Incluindo a cobertura da Operação Leasehold, a soma das áreas chegaria à metade da área reformada no programa de reforma agrária japonês. No entanto, a cobertura dos programas filipinos, se avaliados em relação à área e à população agrícola totais, foi muito menor do que a de outros programas de reforma no Leste Asiático. Ainda assim, as conquistas do esforço de reforma agrária filipino ultrapassaram, com poucas exceções, àquelas da maioria de outros programas de reforma no Sul e Sudeste Asiáticos. A cobertura do DP 27, incluindo ambas as operações atingia cerca de um milhão de hectares, ou 24% das áreas de arroz e milho e 12% de toda a área agrícola das Filipinas.

No início da década de 1970, um aumento geral nos preços mundiais de matérias-primas ajudou a estimular o desempenho da economia; o Produto Nacional Bruto cresceu uma média de quase 7% ao ano nos cinco anos após a declaração da Lei Marcial, comparados com aproximados 5% anuais nos cinco anos anteriores. A agricultura teve um desempenho melhor do que na década de 1960: a produtividade do arroz aumentou de modo significativo graças a desenvolvimentos na irrigação e no uso de novas variedades de sementes e fertilizantes, enquanto as rendas e as prestações das propriedades permaneceram fixas, permitindo que os beneficiários do programa de reforma agrária se apropriassem de grandes superávits econômicos. Desse modo, a reforma foi bem-sucedida na transferência de retornos econômicos de proprietários ausentes para ex-arrendatários, embora também tenha criado sérias disparidades de renda nos vilarejos, uma vez que nenhum ganho foi obtido por trabalhadores sem-terra cuja renda não aumentou, mas diminuiu em virtude da forte pressão demográfica sobre a terra. Uma das conseqüências desse fato foi o ressurgimento, apesar da proibição legal, da prática de subarrendamento: o arrendatário que tem posse da terra por contrato de *leasing* delega o cultivo a esses trabalhadores sem-terra em um sistema de colheita partilhada.

O GOVERNO AQUINO E A REFORMA AGRÁRIA

A ascensão de Corazón C. Aquino à presidência em 1986 gerou grandes expectativas sobre a implementação de uma reforma agrária abrangente em termos de área agriculturável e população sem-terra a serem cobertos. O maciço apoio popular, sobretudo na classe média, que permitiu sua chegada ao poder, e o fato de a oposição, em especial o bloco proprietário, não estar ainda consolidada, representou rara oportunidade para reformar o campo. Infelizmente, Aquino não aproveitou a oportunidade política para iniciar tal reforma, delegando a tarefa, em vez disso, ao Congresso, fortemente dominado por interesses latifundiários.

A Constituição filipina de 1986 comprometeu o governo a realizar uma reforma agrária redistributiva afetando todas as terras agrícolas — ao contrário do programa de Marcos que se limitava às áreas de arroz e milho — e recursos naturais, favorecendo tanto arrendatários quanto agricultores regulares. Na entanto, a tarefa deixada ao Congresso de especificar os detalhes da execução da reforma, como as fases de implementação do programa, o limite de retenção de terras e as áreas prioritárias, entre outros, possibilitaram ao bloco latifundiário do Congresso limitar o escopo da redistribuição, além de aumentar as opções de evasão da reforma.

Reunido em assembléia em 1987, depois de quase catorze anos de inação por causa da Lei Marcial do regime Marcos, o Legislativo filipino tinha a reforma agrária como um dos principais assuntos dos acirrados debates entre os membros tanto da Câmara Alta quanto da Baixa. Levou cerca de um ano para que ambas as Câmaras formulassem suas respectivas propostas de reforma agrária: a consolidação das duas propostas na forma da Lei de Reforma Agrária Abrangente (LRAA) foi submetida à aprovação presidencial em 1988. De início, a LRAA parece se diferenciar do padrão tradicional de legislação de reforma agrária filipina. Há uma mudança da limitação a áreas específicas para um Programa de Reforma Agrária Abrangente (PRAA), cobrindo tanto terras públicas quanto privadas independentemente dos arranjos de arrendamento ou produtos cultivados. O custo do programa, contudo, cerca de 17 bilhões de pesos filipinos/ano, parece fadado a limitar seu alcance, representando cerca de 2,4% do PNB de 1987 e 8,9% do orçamento governamental total de 1988. Considerando as demandas sobre os já limitados recursos públicos, uma despesa adicional dessa magnitude sujeitaria o governo a um endividamento mais profundo, tornando o crescimento sustentável um objetivo difícil.

As principais provisões da lei eram: 1) teto de 7 hectares para as terras plantadas com todo e qualquer tipo de cultivo; 2) distribuição de terras em fases, começando com propriedades agrícolas privadas e pelos milharais e arrozais cobertos pelo DP 27, terminando com as pequenas propriedades e terras públicas disponíveis e alienáveis; 3) isenção da reforma para áreas de terras tribais ancestrais e terras usadas para o serviço público; 4) regulamentação das práticas de arrendamento; e 5) partilha voluntária de terras e um esquema de participação acionária corporativa como uma alternativa à reforma agrária. Esta provisão possibilita a proprietários corporativos a distribuição de ações da empresa no valor equivalente ao valor da terra possuída em vez da distribuição da própria terra a seus trabalhadores.

Se observadas com atenção, as políticas propostas por essa lei se mostram fortemente influenciadas por uma nova espécie de proprietários, os comerciais e corporativos — com enorme poder de *lobby* no Congresso —, em detrimento dos tradicionais proprietários arrendadores e das corporações multinacionais. As provisões estipuladas pela lei reduzem, quando não eliminam, seu efeito redistributivo se o modo de uso da terra é transformado de arranjos baseados no arrendamento para arranjos de administração direta. Implícita nessas concessões está a premissa de que há economias de escala na produção agrícola e, portanto, os sistemas de "plantation" deveriam ser excluídos da reforma. Dado esse nítido viés de classe da LRAA, não surpreende que a lei tenha sido severamente criticada por grupos camponeses que fizeram, desde o início do governo Aquino, um *lobby* consistente por medidas mais redistributivas, chegando a formar uma coalizão — o Congresso para uma Reforma Agrária do Povo (CRAP)

— que apresentou uma proposta alternativa de reforma agrária. O CRAP significou grande passo na organização camponesa nacional, uma vez que buscava unir tanto as organizações camponesas mais radicais quanto as mais moderadas.

Do ponto de vista político, o processo e o resultado da legislação de reforma agrária nas Filipinas parecem ser determinados sobretudo pela estrutura e pelos interesses da elite dominante, em interação com restrições nos recursos fundiários e com a classe vastamente não representada dos sem-terra. Isso porque a legislatura filipina sempre foi dominada pela elite latifundiária. Até 1971, as demandas camponesas não tinham nenhum efeito direto sobre as políticas aprovadas, só afetadas pelas percepções da elite política sobre as possíveis reações camponesas a elas. Mas a própria composição da elite política tem mudado, e a crescente organização camponesa bem como insurgências de cunho comunista geraram alterações fundamentais no mercado político para a reforma agrária.

O governo Aquino foi repleto de escândalos, duvidosos relatórios de atividades, estratégias de desenvolvimento conflitantes e ampla frustração com o programa que havia sido anunciado como resposta do país à injustiça agrária. Embora a seu governo possa ser creditada uma taxa de implementação do programa da ordem de 60%, não está claro o que está incluído nesse número, já que se tornou evidente que medir estatisticamente o desempenho do programa pode ser problemático tendo em vista a disparidade entre as cifras existentes.

Além disso, embora Aquino reconhecesse a importância da reforma agrária para a correção de desigualdades sociais, suas políticas econômicas e sociais contavam uma história diferente. O presidente honrou todas as dívidas e rejeitou a moratória como uma estratégia para a recuperação econômica e o crescimento acelerado. Dado que cerca de metade do orçamento governamental era automaticamente reservado para o serviço da dívida, isso deixava fundos muitíssimo limitados para investimento no desenvolvimento e na reforma agrária. O governo também dependia muito de apoio externo, cedendo às pressões do Banco Mundial e do FMI, o que teve suas conseqüências, como a severa recessão econômica de 1991. A impressão é a de que a reforma agrária foi aprovada como uma resposta aos conflitos no campo e, uma vez que isso não era mais percebido como uma ameaça imediata, a vontade política para levá-la a termo desapareceu.

A CONTINUIDADE E OS RESULTADOS DO PRAA A PARTIR DA DÉCADA DE 1990

Quando Fidel Ramos chegou à presidência em 1992, sua administração foi pressionada a recuperar a promessa da LRAA e, para tanto, foram necessárias mudanças no Departamento de Reforma Agrária (DAR). A primeira delas era a necessidade de fortalecer o apoio dos agricultores — frustrados durante o governo Aquino — ao DAR e ao PRAA, o que foi feito dando prioridade à sua inclusão no processo de redistribuição. Outra iniciativa foi a construção de um forte diálogo com Organizações Não-Governamentais (ONG) e Organização da Sociedade Civil de Interesse Público (OSCIPs) em arranjos tripartites que foram um dos pontos fortes do governo Ramos, ao encorajar parcerias entre os interessados, ONGs e o governo, bem como abrir canais de comunicação sobre parcerias, estratégias, construção de capacidades e resolução de disputas.

O fato de o DAR ter permanecido sob a administração de Ernesto Garilao durante os seis anos do governo Ramos contribuiu enormemente para a estabilidade e a continuidade das políticas implementadas pelo Departamento. Garilao tinha habilidade para lidar tanto com os agricultores, com seus funcionários — o investimento em recursos humanos aumentou seu comprometimento com o governo — e com ONGs como com os proprietários e conseguiu reduzir a burocracia no Departamento obtendo ganhos limitados, mas significativos, na reforma.

Em 1993, Garilao lançou o projeto de comunidades de reforma agrária, para melhorar o desenvolvimento dos beneficiários. O programa concentrava o fornecimento de serviços de apoio para um conjunto de áreas e um número limite de beneficiários agricultores bem como não-agricultores. Pelo fornecimento de serviços básicos, como crédito, irrigação, estradas de ligação com os mercados, construção de pontes, infra-estrutura e assistência técnica, o programa impulsionou a produtividade agrícola. Dado o reconhecimento do fato de que o governo não tem fundos e recursos necessários ao fornecimento desses serviços de apoio aos beneficiários, o programa foi com freqüência custeado por governos ou por agências doadores comprometidos com o desenvolvimento no campo, como o Banco Mundial.

Diante de tal quadro, pode-se dizer que, quando Garilao deixou o DAR em 1998, o Departamento estava fortalecido, seus funcionários estavam mais comprometidos, havia mais confiança por parte dos potenciais beneficiários, mais apoio de doadores e melhor relação com ONGs e OSCIPs. Apesar de tudo isso, também há dificuldades de se avaliar estatisticamente o desempenho do programa de reforma agrária no governo Ramos. Parte do problema encontra-se no sistema de incentivo criado por Garilao para os funcionários do DAR como um mecanismo para acelerar a aquisição e a distribuição das terras, mas que acabou por levar a relatórios enganosos e distorções nos números, já que muitos certificados de transferência de terras e de propriedade eram emitidos duas vezes para um mesmo beneficiário.

No fim de seu mandato, Ramos aprovou a extensão da implementação do PRAA até 2008 e suplementação orçamentária de 50 bilhões de pesos filipinos, de modo que, quando Joseph Estrada assumiu a presidência em 1998, estava confiante de poder terminar o programa até 2002 e fez da agricultura o ponto central da agenda de desenvolvimento de seu governo. Dada a existência de propriedades cuja distribuição seria altamente litigiosa e, portanto, sujeita a grande resistência dos proprietários, todos sabiam que para concluir a implementação do PRAA em quatro anos seria necessário um milagre, ainda mais depois que o Congresso cortou o fundo de reforma agrária. Mas, pouco mais de três meses após assumir, Estrada voltou atrás e estabeleceu outro prazo, ainda desencorajador, mas mais factível, prometendo terminar a implementação até 2004.

Dois anos depois, no entanto, seu governo foi interrompido por um processo de "impeachment" e todos os programas de governo foram suspensos. Entre os maiores problemas enfrentados pelo programa de reforma agrária estava a resistência dos proprietários, que adquiriu novas formas sob o governo Estrada: se antes se tratava de assédio por parte de milícias privadas, as táticas passaram a ser mais "legalistas", explorando brechas na LRAA para impedir sua implementação. Mas o corte orçamentário do Congresso, além da corrupção desenfreada no DAR — com cancelamentos de certificados de transferência e conversões de terras agrícolas a outros usos — também contribuíram grandemente para o fracasso de sua implementação no período.

Dois enfoques adotados sobre a reforma agrária durante o governo Estrada dão o tom do seu comprometimento com o programa. O primeiro foi o esquema proposto por um grande proprietário da Era Marcos, Danding Cojuangco, de um acordo de *joint-venture* pela qual o beneficiário submetia o uso e o controle da terra ao grande proprietário, retendo apenas seu título de propriedade. Tal proposta violava o próprio espírito da LRAA, que era a transformação dos trabalhadores agrícolas em proprietários cultivadores, preferencialmente em propriedades de pequena escala. O segundo foi uma proposta do Banco Mundial de "reforma assistida pelo mercado", caracterizada pela preparação do mercado de terras: no lado da oferta, são reduzidos ou removidos os incentivos para a retenção de terras (aumento de impostos sobre a terra); e do lado da demanda, melhora-se a capacidade dos agricultores pobres para adquirir terras (fornecimento de subsídios, facilitação do crédito). Tudo ocorre estritamente em um contexto de mercado, isto é, sem expropriação. A vantagem é a redução da burocracia, mas a desvantagem é que essa proposta supõe que a terra seja um recurso em excesso, o que não é o caso nas Filipinas, onde, sob tal programa, os preços da terra tenderiam a crescer acima das possibilidades de financiamento dos agricultores.

Embora Glória Macapagal-Arroyo, empossada em 2001, tenha anunciado a reforma agrária como uma das prioridades de seu governo, ela permitiu que o Congresso, dominado por interesses latifundiários, aprovasse um corte orçamentário de 34% para a área, o que obrigou o DAR a usar a Transferência Voluntária de Terras (TVT) como o principal modo de distribuição. Com isso o governo não teria de arcar com quaisquer custos, já que a transferência é negociada diretamente entre o proprietário e o beneficiário, mas esse arranjo ignora a diferença entre o poder de barganha daquele em relação a este, bem como a natureza altamente litigiosa das propriedades que restam para a distribuição.

O governo Arroyo obteve um desempenho pior na implementação do PRAA do que o governo Estrada, já considerado bastante ruim, e pode-se dizer que o programa encontra-se atualmente em profunda crise, dada a falta de fundos e de vontade política para implementá-lo. Não só a distribuição de terras tem ficado muito distante das metas anuais, tornando difícil crer que seu término possa se dar no prazo, como a falta de políticas de apoio aos agricultores e infra-estrutura no campo têm dificultado o aumento da produtividade agrícola e, desse modo, o cumprimento das obrigações financeiras por parte dos beneficiários. Parte dos problemas encontra-se no labirinto legal ao qual o programa está sujeito, graças às várias brechas da LRAA. O aparato legal maciço que o acompanha — inevitável, dado que redefine os direitos de propriedade — permite numerosos recursos e reversões para as transferências e distribuições de terras. Somem-se a isso as conversões de terra agrícola a outros usos e o uso da força bruta para desencorajar potenciais beneficiários e seu efeito pode ser facilmente anulado em muitos casos e regiões. Na verdade, o programa parece estar fora de sintonia com a política agrícola nacional — que se tornou crescentemente liberal e desconectada da estratégia de desenvolvimento em geral — e parece depender cada vez mais da capacidade da sociedade de pressionar por reformas.

CONSIDERAÇÕES FINAIS

Além de seu impacto redistributivo direto, a reforma agrária pode afetar a renda das famílias rurais indiretamente por meio de mudanças induzidas nos mercados de produto, trabalho e crédito, que por sua vez influenciam o desempenho econômico dos empreendimentos rurais não agrícolas. Desse modo, o real efeito da reforma agrária sobre a renda rural também depende das mudanças conjugadas na produtividade da terra, nos preços dos produtos e nos custos dos insumos.

Alguns estudos sobre a agricultura filipina também parecem indicar que não há economias de escala na produção de cultivos de exportação com a possível exceção do açúcar. Se os produtores estiverem adequadamente organizados pelos contratos de produção agrícola com indústrias processadoras, não haverá perda de eficiência correspondente no parcelamento de "plantations" em unidades familiares. Isso porque tais unidades fazem melhor uso da terra disponível com o uso de trabalho mais intensivo (em geral familiar) por unidade de terra do que o setor que opera em grande escala, que tem de pagar um salário ao trabalhador agrícola contratado.

Enquanto há uma vasta literatura sobre os resultados a serem esperados da reforma agrária pelos beneficiários e sua repercussão futura na economia rural local, muito menos atenção foi dada aos efeitos sobre os proprietários e como sua resposta pode ser transformada em um apoio para o desenvolvimento rural. Nas Filipinas, a promoção da industrialização rural é um objetivo declarado tanto da Operação de Transferência de Terras quanto da LRAA. Mas os poucos estudos, que examinaram como a compensação paga aos proprietários foi usada, não mostram nenhuma tendência marcante para o investimento na indústria rural. As atividades comerciais parecem ter preferência, refletindo as percepções prevalentes sobre as taxas de retorno relativas, influenciadas necessariamente pela quantidade limitada de informação disponível para os ex-proprietários sobre oportunidades de investimento industrial.

A análise da história do desenvolvimento agrícola filipino permite-nos afirmar que, apesar de sua estrutura agrária combinar características dos modelos latino-americano e asiático, a reforma agrária nas Filipinas seguiu o modelo asiático com programas limitados à redistribuição de terras sob arranjos de arrendamento e à regulação dos contratos de arrendamento. Tais programas não apenas limitaram de modo severo a cobertura da reforma, como também criaram sérias dificuldades para que seus objetivos fossem atingidos.

Para reduzir a pobreza e a desigualdade, a correção da desigualdade na distribuição da propriedade é evidentemente importante, mas, dado que uma importante fonte dessa desigualdade é a renda decrescente do trabalho em relação à renda da terra, devida à forte pressão demográfica, também é de crítica importância o aumento do emprego e da renda do trabalho por unidade de terra. Uma das principais causas do fracasso dos programas de reforma agrária parece ter sido que o projeto de redistribuição de terras conflitava com o uso eficiente da terra para aumentar o emprego e a renda do trabalho.

A limitação de programas anteriores às terras arrendadas criou um grande incentivo para os proprietários despejarem seus arrendatários e cultivarem diretamente a terra. No entanto, os insumos de trabalho e, portanto, a produção agrícola e a renda do trabalho por hectare são em geral maiores em pequenas propriedades familiares do que em grandes propriedades baseadas no trabalho contratado. Desse modo a isenção de terras sob a administração direta dos proprietários teve o efeito de reduzir o insumo de trabalho por hectare a um nível subótimo, reduzindo, desse modo, a renda da população trabalhadora. Além do mais, a limitação dos programas às terras arrendadas induziu alguns proprietários a manterem improdutivas suas terras, em vez de arrendá-las para cultivo.

Em segundo lugar, a aplicação do programa nas Filipinas foi inicialmente limitada aos arrozais e milharais em que predominavam os arranjos de arrendamento. Essa limitação induziu proprietários a mudar o cultivo de suas terras, às vezes com perdas tanto em eficiência quanto em igualdade. Em terceiro, as regulamentações dos contratos de arrendamento (de modo mais específico, as proibições ao arrendamento partilhado e o controle da renda sobre a terra) reduziram o incentivo de grandes proprietários para arrendar suas terras em pequenos lotes, o que resultou na redução do produto social e da renda do trabalho.

Estas práticas de evasão adotadas pelos proprietários poderiam ter sido evitadas se existisse no âmbito das vilas uma burocracia honesta e eficiente, dados precisos sobre os sistemas de arrendamento e padrões de plantio, e organizações de arrendatários que monitorassem as violações de conduta. Do mesmo modo, os efeitos distorsivos dessas práticas de evasão deveriam ter sido relativamente pequenos em economias como a do Japão e a de Taiwan, onde o setor de "plantations" era tradicionalmente desprezível e onde a força de trabalho agrícola podia encontrar com facilidade emprego no crescente setor não-agrícola. Na ausência dessas condições, a aplicação do tradicional modelo asiático inevitavelmente criou um sério conflito entre a redistribuição da propriedade de terra e o uso eficiente e igualitário da terra nas Filipinas. Assim, o primeiro passo para desenvolver um programa eficiente de reforma agrária deveria ser o aprendizado com os fracassos do passado originados na aplicação de um modelo que, embora bem-sucedido em outros países, tem aplicação limitada em um ambiente com condições econômicas, políticas e sociais muito diferentes.

BIBLIOGRAFIA

Parte I

AGARWALA, A. N. e SINGH S. P. (Orgs.). *A economia do subdesenvolvimento*. São Paulo: Forense, 1969.

ALBUQUERQUE, M. C. e NICOL, R. *Economia agrícola. O setor primário e a evolução da economia brasileira*. São Paulo: McGraw-Hill, 1987.

ALMOND, G. e COLEMAN S. S. (Orgs.). *A política das áreas em desenvolvimento*. Rio de Janeiro: Freitas Bastos, 1969.

ASHLEY, C. e MAXWELL, S. Rethinking Rural Development. *Development Policy Review*, 2001, 19 (4)

AMSDEN, A. Taiwan's Economic History: a Case of Estatisme and a Challenge to Dependency Theory. BATES, R. (Org.). *Toward a political economy of development. A rational choice perspective*. Berkeley: University of California Press, 1988.

BACHA, C. J. C. *Economia e política agrícola no Brasil*. São Paulo: Atlas, 2004.

BAER, W. e FILIZZOLA, M. Growth, efficiency and equity: The impact of agribusiness and land reform in Brazil. www.business.uiuc.edu/Working Papers/papers/05-0109.pdf. (acesso 11/3/2007)

BELIK, W. Pronaf: avaliação da operacionalização do programa. SILVA, G., J. e CAMPANHOLA, C. (Orgs.). *O novo rural brasileiro. Políticas públicas*. Jaguariúna: Embrapa Meio Ambiente, 2000.

BELLUZZO, L. G. M. e COUTINHO, R. (Org.). *Desenvolvimento capitalista no Brasil. Ensaios sobre a crise*. v.2, São Paulo: Brasiliense, 1982-83.

BIELSCHOWSKY, R. (Org.). *Cinqüenta anos de pensamento na Cepal*. v.2, Rio de Janeiro: Record, 2000.

BURKI, S. J. e GUILLERMO E. P. *Beyond the Washington consensus. Institutions matter*. Washington: The World Bank, 1998.

BYERLEE, D. e JACKSON, C. Agriculture, rural development and pro-poor growth; country experiences in the post-reform era. April 29, 2005. *The Agricultural and Rural Development Dept. of the World Bank*. Acesso a 11/3/2007). www.aliadossierrarural.org/portal/docs/bm1.pdf

PRADO Jr. C. et al. *A agricultura subdesenvolvida*. Petrópolis: Vozes, 1969, 2ª ed. (Col. Caminhos Brasileiros)

CARROUÉ L.; COLLET, D.; RUIZ C. *La Mondialisation. Genèse, acteurs et enjeux*. Paris: Bréal, 2005.

Bibliografia

CASTRO, A. B. *7 ensaios sobre a economia brasileira*. 3ª ed., v.I. Rio de Janeiro: Forense-Universitária, 1977.

CASTRO, L. C. *O desenvolvimento guiado por um elemento estrangeiro. As relações entre o Banco Mundial e os países subdesenvolvidos*. Dissertação de Mestrado em Ciência Política. Unicamp, 2004, p.13. Disponível *on-line* na Biblioteca Digital da Unicamp (http://libdigi.unicamp.br/document/?code=vtls000316334)

CHADDAD, F. R. e JANK, M. S. The evolution of agricultural policies and agribusiness development in Brazil. *CHOICES 21*(2) 2nd Quarter 2006 www.choicesmagazine.org/2006-2/2006-2.pdf

CHANDLER JR., A. D. *Escala y diversificación. La dinamica del capitalismo industrial.* v.2, Prensas Universitárias de Zaragoza, 1996.

CIDA (Comitê Interamericano de Desenvolvimento Agrícola, OEA). Posse e uso da terra e o desenvolvimento socioeconômico do setor agrícola: Brasil. Cap. IV, reproduzido em Caio Prado Jr. et al. *A agricultura subdesenvolvida*,op. cit.

CLARK, C. *Las condiciones del progreso económico*. v.2, Madri: Alianza Editorial, 1980.

COSTA PINTO, L. e BAZZANELLA, W. *Teoria do desenvolvimento*. Rio de Janeiro: Zahar, 1967.

DAVIS, J. H. e GOLDBERG R. A. *A concept of agribusiness.* Boston: Harvard University, 1957.

DE JANVRY, A. The role of land reform in economic development: policies and politics. EICHER, C. K. e STAATZ, J. M. (Orgs.). *Agricultural development in the Third World*. Baltimore: John Hopkins University Press, 1988.

DELFIM NETTO, A. Agricultura e desenvolvimento no Brasil. São Paulo: *Estudo ANPES*, n.5, 1969.

_____ Problemas econômicos da agricultura brasileira. São Paulo: Faculdade de Ciências Econômicas/USP, *Boletim* n.40, (s.d.).

DELGADO, G. C. *Capital financeiro e agricultura no Brasil*. São Paulo/Campinas: Ícone/ Ed. da Unicamp, 1985.

_____.; GASQUES, J. G. e VERDE, C. M. V. (Orgs.). *Agricultura e políticas públicas*. Brasília: IPEA, 1990

_____. Expansão e modernização do setor agropecuário no pós-guerra: um estudo da reflexão agrária. *Estudos Avançados*. São Paulo, v.15, n.43, set./dez. 2001.

_____. A questão agrária no Brasil, 1950-2003. RAMOS FILHO, L. O e ALY JR. O. (Orgs.). *Questão agrária no Brasil: perspectiva histórica e configuração atual*. São Paulo: Incra, 2005.

DIAS, G. L. S. e AMARAL, C. M. Mudanças estruturais na agricultura brasileira: 1980-1998. *Cepal – Serie Desarrollo productivo* n.99, Santiago, 2001

ELLIS, F. *Agricultural policies in developing countries*. Cambridge University Press, 1992

_____. e, BIGGS, S. Evolving themes in rural development 1950s-2000s. *Development Policy Review*, 2001, 19 (4):4

EICHER, C. K. e STAATZ J. M. *Agricultural development*. 3ª ed. Baltimore/London: John Hopkins University Press, 1998.

_____. *International agricultural development in the Third Worldi* Baltimore/London: John Hopkins University Press, 1984.

FAJNZYLBER, F. *La industrialización trunca de América Latina*. México: Editorial Nueva Imagem, 1982-3.

FARINA, E. M. M. Q. e ZYLBERSZTAJN, D. *Competitividade do agronegócio brasileiro*. Instituto de Pesquisa Econômica Aplicada (IPEA) e Programa de Estudos dos Negócios do Sistema Agroindustrial (PENSA/FEA/USP), 1998.

FERNANDES, F. Anotações sobre capitalismo agrário e mudança social no Brasil. *Sociedade de classes e subdesenvolvimento*. Rio de Janeiro: Zahar, 1981.
FURTADO, C. *A pré-revolução brasileira*. 2ª ed. Rio de Janeiro: Fundo de Cultura, 1962.
_____. *Dialética do desenvolvimento*. 2ª ed. Rio de Janeiro: Fundo de Cultura, 1964.
_____. *Análise do modelo brasileiro*. 4ª ed. Rio de Janeiro: Civilização Brasileira, 1973.
_____ *O Brasil pós-"milagre"*. Rio de Janeiro: Paz e Terra, 1982.
FURTUOSO, M. C. O. e GUILHOTO J. J. M. The Brazilian agribusiness, defining and measuring: 1994 to 2000, acesso www.anpec.org.br/encontro2001/artigos/200105316.pdf. (acesso 11/3/2007)
GABRE-MADHIN, E. e JOHNSON, F. Accelerating Africa's Structural Transformation: Lessons from East Asia, Market and Structural Studies Division, *International Food Policy Research Institute*. Washington, 2006. www.cgiar.org/ifpri (acesso 11/3/2007)
GASQUES, J. G. et al. *Desempenho e crescimento do Agronegócio no Brasil*. Brasília: IPEA, 2004.
GONÇALVES NETO, W. *Estado e agricultura no Brasil*. São Paulo: Hucitec, 1997.
GONÇALVES, J. S. *Mudar para manter*. Pseudomorfose da agricultura brasileira. São Paulo: Secretaria de Agricultura e Abastecimento, 1999.
GOODMAN, D.; SORJ, B.; WILKINSON, J. *Da lavoura às biotecnologias*. Rio de Janeiro: Campus. 1990.
GRAZIANO DA SILVA, J. *Progresso técnico e relações de trabalho na agricultura*. Campinas: Hucitec: 1981.
_____. *A nova dinâmica da agricultura brasileira*. Campinas: Instituto de Economia/Unicamp, 1996.
_____. e CAMPANHOLA, C. (Orgs.). *O novo rural brasileiro*. Políticas públicas. Jaguariúna: Embrapa Meio Ambiente, 2000.
GUILHOTO, J. J. M. et al. *Agricultura familiar na economia*: Brasil e Rio Grande do Sul. Brasília: Ministério do Desenvolvimento Agrário, 2005.
HAYAMI, Y. Toward rural-based development in East Asia under globalization. siteresources.worldbank.org/INTEASTASIAPACIFIC/Resources/226262-1158262834989/EA_Visions_5.pdf. (acesso 11/3/2007)
_____ Communities and markets for rural development under globalization: a perspective from villages in Asia. *The Foundation for Advanced Studies in International Development*. GRIPS / FASID Joint Graduate Program, Tóquio, 2006. Disponível em: www.fasid.or.jp/english/surveys/research/program/research/pdf/discussion/2006-08-002.pdf. (acesso 11/3/2007)
_____. The peasant in economic modernization. Eicher e Staatz, op. cit.
_____. e RUTTAN, V. W. *Agricultural development. An international perspective*. London/Baltimore: The Johns Hopkins Press, 1971.
_____. Principais conceitos da analise das repercussões da transformação técnica. HOSETLIZ, B. e MOORE, W. (Orgs.). *A sociedade tecnológica* – implicações sociais da industrialização com o advento de técnicas modernas. v.2, Rio de Janeiro: Lidador, 1966.
HIRSCHMAN, A. O. *Essays in trespassing: Economics to politics and beyond*. Cambridge: Cambridge University Press, 1981.
_____. A economia política do desenvolvimento latino-americano – sete exercícios de retrospecção. *Revista Brasileira de Ciências Sociais*. 1987, fev. 1 – 3.
HOSELITZ, B. (Org.). *The progress of underdeveloped areas*. Chicago: University of Chicago Press, 1962.

HOSELITZ, B. (Org.). *Aspectos sociológicos do crescimento econômico*. Rio de Janeiro/São Paulo: Fundo de Cultura, 1964.

IANNI, O. *Ditadura e agricultura*. O desenvolvimento do capitalismo na Amazônia (1965-1978). Rio de Janeiro: Civilização Brasileira, 1979.

JOHNSTON, B. F. e KILBY, P. *A agricultura e transformação estrutural*. Rio de Janeiro: Zahar, 1977.

_____. e MELLOR, J. W. The role of agriculture in economic development. *The American Economic Review*. California 51(4):566-593, Sep. 1961.

KAY, C. *Latin American theories of development and underdevelopment*. London: Routledge, 1989.

_____. Why East Asia overtook Latin America: agrarian reform, industrialisation and development. *Third World Quarterly*, v.23, n.6, 2002.

KENDRICK, J. W. The historical development of national-income accounts. *History of Political Economy*, v.2, n.2, 1970.

KEYNES, J. M. *Essays in Persuasion*. v.IX de *Collected Writings of J. M. K.* Mac Millan Press/Royal Economic Society, 1972.

KINDLEBERGER, C. P. *Desenvolvimento econômico*. São Paulo: McGraw-Hill, 1976.

KUZNETS, S. *Aspectos quantitativos do desenvolvimento econômico*. São Paulo: Forense, 1970. [orig: Six lectures on economic growth, 1959).

_____. Os países subdesenvolvidos e a fase pré-industrial nos países avançados. Uma tentativa de comparação. AGARWALA, A. N e SINGH S. P. (Orgs.). *A economia do subdesenvolvimento*. São Paulo: Forense, 1969.

LAUSCHNER, R. *Agribusiness, cooperativa e produtor rural*. São Leopoldo: Editora UNISINOS, 1993.

LEON, A. e SAUVIN, T. *De l'économie internationale à l'économie globale*. Paris: Ellipses, 2005.

LESSA, C. e DAIN S. Capitalismo associado. Algumas referências sobre o tema Estado e desenvolvimento. BELLUZZO, L. G. de M. e COUTINHO, R. (Orgs.). *Desenvolvimento capitalista no Brasil*. Ensaios sobre a crise. 4ª ed. Campinas/São Paulo: Unicamp/ Brasiliense, 1998, v.1.

LEVY JR. M. J. *Modernization and the structure of societies. A setting for international affairs*. Princeton: Princeton University Press, 1966,

LEWIS, W.A. *A teoria do desenvolvimento econômico*. Rio de Janeiro: Zahar, 1960.

_____. O desenvolvimento econômico com oferta ilimitada de mão-de-obra, reimpresso em AGARWALA, A. N e SINGH S. P. (Orgs.). *A economia do subdesenvolvimento*. Rio de Janeiro/São Paulo: Forense, 1969.

MANNHEIM, K. *Liberdade, poder e planificação democrática*. São Paulo: Mestre Jou, 1972.

MARTINE, G. e GARCIA, R. C. (Orgs.). *Os impactos sociais da modernização agrícola*. São Paulo: Caetés, 1987.

MILLIKAN, M. e HAPGOOD, D. *O problema da agricultura nos países subdesenvolvidos*. Rio de Janeiro/São Paulo: Forense, 1970.

MEIER, G. M. (Org.). *Leading issues in economic development*. Nova York: Oxford University Press, 1976.

_____. *Pioneers in development. Second series*. Washington D.C.: The World Bank, 1987.

_____. ; BALDWIN, R. E.; ROBERT, E. *Desenvolvimento econômico*. Teoria, história, política. São Paulo: Mestre Jou, 1968 [ed. orig., 1957].

MEIER, G. M. (Org.). e SEERS, D. *Pioneers in development*. Nova York: Oxford University Press, 1984.

MELO, F. B. H. *O problema alimentar no Brasil. A importância dos desequilíbrios tecnológicos*. Rio de Janeiro: Paz e Terra, 1983.

MORAES, R. *Celso Furtado,* o subdesenvolvimento e as idéias da Cepal. São Paulo: Ática, 1995.

_____. (Org.). *Globalização e radicalismo agrário*. São Paulo: Editora Unesp, 2006.

MOREIRA, R. J. *Agricultura familiar*. Processos sociais e competitividade. Rio de Janeiro: Mauad/Seropédica/UFRJ/REDCAPA, 1999.

MOYO, S. e YEROS, P. *Reclaiming the land. The ressurgence of rural movements in Africa, Asia and Latin America*. London: Zed Press, 2005.

MULLER, G. Cem anos de República: notas sobre as transformações estruturais no campo. *Estudos Avançados*. São Paulo, v.3, n.7, set./dez., 1989a.

_____. *Complexo agroindustrial e modernização agrária*. São Paulo: Hucitec/Educ, 1989a.

NAINGGOLAN, K. Strategies for improving coordination between the public and private institutions for agricultural and rural development. pse.litbang.deptan.go.id/download.php?gid=FAE_20_2_2002_1.pdf&pub=0 (acesso 11/3/2007).

NASSAR, A. M. *Eficiência das associações de interesse privado nos agronegócios brasileiros*. Dissertação apresentada ao Programa de Pós-Graduação em Administração da FEA-USP. São Paulo: 2001.

OFFE, C. A 'ingovernabilidade': sobre o renascimento das teorias conservadoras da crise. *Problemas estruturais do Estado capitalista*. Rio de Janeiro: Tempo Brasileiro, 1984.

ORGANIZAÇÃO das Nações Unidas (Secretariado). Relações de troca post-guerra entre países subdesenvolvidos e países industrializados. *Revista Brasileira de Economia*, ano 3, n.3, set./1949.

PAIVA, R. M. *A agricultura no desenvolvimento econômico*. Suas limitações como fator dinâmico. Rio de Janeiro: IPEA/INPES, 1979.

_____.; SCHATTAN, S.; FREITAS, C. F. T. *Setor agrícola do Brasil. Comportamento econômico, problemas e possibilidades*. Rio de Janeiro/São Paulo: Forense Universitária/Edusp, 1976.

PAZ, O. *O labirinto da Solidão*: e Post-scriptum. Rio de Janeiro: Paz e Terra, 1976.

PINAZZA, L. A. e REGIS Alimandro, A. (Orgs.). *Reestruturação do agribusiness brasileiro*. Agronegócios no terceiro milênio. Rio de Janeiro: Abag/FGV, 1999.

RODRIK, D. *Development strategies for the next century*. Harvard University, February 2000. Disponível em http://ksghome.harvard.edu/~.drodrik. academic.ksg/papers.html.

_____. Five simple principles for world trade. November 22, 1999. Disponível em: http://ksghome.harvard.edu/~.drodrik.academic.ksg/papers.html

_____. Has globalization gone too far? Washington, DC: Institute for International Economics, March 1997, p.26.

_____. How far will international economic integration go? Revised, September 1, 1999. Disponível em http://ksghome.harvard.edu/~.drodrik.academic.ksg/papers.html.

_____. Institutions, integration, and geography: in search of the deep determinants of economic growth. February 2002. Disponível em: http://ksghome.harvard.edu/~.drodrik.academic.ksg/papers.html.

_____. Dispível em Trade policy reform as institutional reform. Harvard University, August 2000. http://ksghome.harvard.edu/~.drodrik.academic.ksg/papers.html

ROSTOW, W. W. A decolagem para o desenvolvimento auto-sustentado. reimpresso em AGARWALA, A. N e SINGH S. P. (Orgs.). *A economia do subdesenvolvimento*. São Paulo: Forense, 1969.

_____. *Etapas do desenvolvimento econômico* (um manifesto não comunista). Rio de Janeiro: Zahar, 1961.

ROULQUIÉ, A. *Le Brésil au XXI*ᵉ*. siècle. Naissance d'un nouveau grand*. Paris: Fayard, 2006.

RUTTAN, V. W. *Social science knowledge and economic development — as institutional design perspective*. Ann Arbor: University of Michigan Press, 2006.

_____. *Technology, growth, and development — an induced innovation perspective*. Nova York/Oxford: Oxford University Press, 2001.

SAMPAIO, P. *Capital estrangeiro e agricultura no Brasil*. Petrópolis: Vozes, 1980.

SAYAD, J. *Crédito rural no Brasil*. Avaliação das críticas e das propostas de reforma. São Paulo: FITE/Pioneira, 1984.

SCHULTZ, T. W. The economics of agricultural research. EICHER, C. K. e STAATZ, J. M. (Orgs.). *Agricultural development in the Third World*. Baltimore: John Hopkins University Press, 1988.

_____. *Transforming traditional agriculture*. New Haven: Yale University Press, 1964.

SHEANAN, J. *Patterns of development in Latin America. Poverty, repression and economic Strategy*. Princeton: Princeton University Press, 1987

SMITH, T. The underdevelopment of development literature. *World Politics* 31, n.2, 1979.

SORJ, B. *Estado e classes sociais na agricultura brasileira*. Rio de Janeiro: Zahar, 1980.

SOUSA, I. S. F. Estudo das cadeias agroalimentares no Brasil. *Cadernos de Ciência & Tecnologia*. Brasília. v.14, n.1, 1997, v.30, nº 15, 17/7/96, p.46.

SOUZA, P. R. *Exame*, 17.7.1996, p.46.

SZMRECSÁNYI, T. Análise crítica das políticas para o setor agropecuário. BELLUZZO, L. G. M. e COUTINHO, R. (Orgs.). *Desenvolvimento capitalista no Brasil*. São Paulo: Brasiliense, 1983.

TAVARES, M. da C. *Da substituição de importações ao capitalismo financeiro*. Ensaios sobre economia brasileira. Rio de Janeiro: Zahar, 1983, 11ª ed.

UNITED NATIONS. Department of Economic Affairs. *Measures for the economic development of under-developed countries. Report by a group of experts appointed by the Secretary-General of the U. Nations*. Nova York: United Nations/Department of Economic Affairs, May 1951.

USA. *Point four: cooperative program for aid in the development of economically underdeveloped areas*. Washington, D.C.: Department of State, Division of publications, 1950 (January).

VEIGA, J. E. da. *A face rural do desenvolvimento*. Natureza, território e agricultura. Porto Alegre: UFRGS, 2000.

_____. *O desenvolvimento agrícola: uma visão histórica*. São Paulo: Edusp/Hucitec, 1991.

WILKINSON, J. *O Estado, a agroindústria e a pequena produção*. São Paulo: Hucitec, 1986.

ZYLBERSZTAJN, D. Papel dos Contratos na Coordenação Agro-Industrial: um olhar além dos mercados. Aula *magna* – XLIII Congresso da Sociedade Brasileira de Economia e Sociologia Rural – SOBER, Ribeirão Preto, 2005. www.scielo.br/pdf/resr/v43n3/27739.pdf. (Acesso 11/3/2007).

Parte II

O caso do Japão

ALLEN, G. C. *The Japanese Economy*. London: Weidenfeld and Nicolson, 1981.
FRANCKS, P. *The macroeconomic role of agriculture in Japan's development*. KORNICKI, P. (Org.). *Meiji Japan – political, economic and social history 1868-1912*. V.III. London: Routledge, 1998.
_____. *Technical change in pre-war agriculture*. KORNICKI, P. (Org.). *Meiji Japan – political, economic and social history 1868-1912*. V. III. London: Routledge, 1998.
_____. *Peasantry, proletariat or private enterprise? The Japanese farmer in the industrialization process*. KORNICKI, P. (Org.). *Meiji Japan – political, economic and social history 1868-1912*. V.II. London: Routledge, 1998.
HAVENS, T. R. H. *Early modern farm ideology and the growth of Japanese agriculture, 1870-1895*. KORNICKI, P. (Org.). *Meiji Japan – political, economic and social history 1868-1912*. V. I. London: Routledge, 1998.
MACPHERSON, W. J. *The economic development of Japan c. 1868-1941*. London: Macmillan, 1987.
SHUZL, T. Land Reform and Postwar Japanese Capitalism. MORRIS-SUZUKI, T. e SEIYAMA, T. (Orgs.). *Japanese capitalism since 1945: critical perspectives*. London: East Gate Book e M. E. Sharpe, 1989.
TAKEKAZU, O. *Agrarian problems and agricultural policy in Japan. A historical sketch*. Tóquio: Institute of Developing Economies, 1973.
TOTMAN, C. From sakoku to kaikoku: the transformation of foreign policy attitudes, 1853-1868. KORNICKI, P. (Org.). *Meiji Japan – political, economic and social history 1868-1912*. V.I. London: Routledge, 1998.
_____. *A history of Japan*. Blackwell Publishers, 2000.
VEIGA, J. E. da. *O desenvolvimento agrícola*. Uma visão histórica. São Paulo: Edusp/Hucitec, 1991.
YANG, W. Y. *El desarollo agricola en el Japón*. Roma, Organización de las Naciones Unidas para la Agricultura y la Alimentación, 1963.

O caso da Coréia

CHOI, W. Farmland consolidation in Korea, Symposium on Modern Land Consolidation, 2004. Disponível *on-line* www.fig.net/commission7/france_2004/papers_symp/ts_02_choi.pdf. (Acesso 24/04/2006).
CHUNG, D. Y. Impact of land utilization systems on agricultural productivity. Asian Productivity Organization. Tokyo, 2003. Disponível www.apo-tokyo.org/00e-books/AG-11_LandUtilization/00.cov.toc.fore.LandUtil.pdf. (Acesso 24/04/20060).
DIAO, X. et al. Structural change and agricultural protection: costs of Korean agricultural policy — 1975 e 1990. United States Department of Agriculture, 2002.
KIM, So-Hyun. Farm Size and Structural Reform of Agriculture. Korea. Disponível *on-line* em www.agnet.org/library/abstract/eb345a.html. (Acesso 24/04/2006).
KIM, Young-Chul. "Improving the agricultural finance system. The changing role of agricultural cooperatives in Korea. Disponível *on-line* em www.agnet.org/library/abstract/eb551.html. (Acesso 24/04/2006).

KIM, S. S. Education for rural population in Korea. *Regional Planning Meeting of Ten Countries Comparative Study on Rural Education*, 18-21/07/2000. Disponível on-line em www.inruled.org/info/126.pdf. (Acesso 24/04/2006).

KUHNEN, F. Land tenure and socio-economic development: Korea. Agricultural adaptation Processes in Newly Industrialized Countries, International Seminar, Seul, 1980. Disponível *on-line* em www.professor-frithjof-kuhnen.de/publications/land-tenure-and-socioeconomic-development/0.htm. (Acesso 24/04/2006).

PARK, J. K. Induced institutional change in the development of farm irrigation system in Korean agriculture, 2005/2006. Disponível *on-line* www.apec.umn.edu/documents/JKParkSemSpring05.pdf. (Acesso 24/4/2006).

PARK, Seong-Jae. Debt-restructuring program for heavily indebted farm households in Korea, 2004. Disponível *on-line* em www.agnet.org/library/abstract/eb553.html. (Acesso 24/04/2006).

SERVICIO COREANO de Información Exterior. *Datos sobre Corea*. Seul: Samhwa Printing Company, 1983.

SHIN, In-Sik. 8. Korea. *Multi-country study mission on integrated local community development 23-30* November 2000, Republic of China. Disponível *on-line* em www.apo-tokyo.org/icd/papers/E-Publications/02.IntegLocCommDev/02.IntegLocCommDev.htm. (Acesso 24/4/2006).

SONG, Byung-Nak. *The rise of the Korean economy*. Tóquio: Oxford University Press, 1990.

SOON, C. *The dynamics of Korean economic development*. Washington (DC), Institute for International Economics, 1994.

YOO, Chul-Ho. "Korea's agricultural strategy in the globalization era", in: KWON, O. Y. et al. (Orgs.). *Korea's new economic strategy in the globalization era*. Northampton (MA): Edwar Elgar Publishing, 2003.

O caso das Filipinas

BAUTISTA, R. M. Dynamics of rural development. Analytical issues and policy perspectives. Philippine Institute for Development Studies, Working Paper Series n.91-07. Disponível no *site*: http://dirp4.pids.gov.ph/ris/wp/pidswp9107.pdf. (19/10/2006).

Dados e História das Filipinas. Disponíveis em http://countrystudies.us/philippines (Acesso 19/10/2006).

GUZMAN, M. de; GARRIDO, M.; MANAN, M. A. Agrarian reform. The promise and the reality. BELLO, W. et al. *Anti-development state. Political economy of permanent crisis*. Nova York: Macmillan, 2006. Disponível em www.landaction.org/topicdisplay.php?keyword=Agrarian %20Reform (Acesso 19/10/2006).

HAYAMI, Y. et al. *Toward an alternative land reform paradigm. A Philippine perspective*. Manila: Ateneo de Manila University Press, 1990.

SOBRE O LIVRO

Formato: 16 x 23
Mancha: 26 x 48,6 paicas
Tipologia: StempelSchneidler 10,5/12,6
Papel: Off-set 75 g/m^2 (miolo)
Supremo 250 g/m^2 (capa)

1ª edição: 2008

EQUIPE DE REALIZAÇÃO

Edição de Texto
Antonio Alves (Copidesque)
Amanda Valentin e Priscila Salamão (Revisão)

Editoração Eletrônica
Eduardo Seiji Seki

Impressão e Acabamento:
Geográfica editora